MW01706712

Gerwin Sturm

ORIGAMI

Kreative Falt-Ideen

CHRISTOPHORUS

Inhalt

Wo finde ich was?

Herzlichen Dank an die Buntpapierfarbrik Ludwig Bähr, die freundlicherweise die Papiere zur Verfügung gestellt hat.

Die Kunst des Papierfaltens

Zur Geschichte des Origami

Der Begriff „Origami" leitet sich von den japanischen Worten „oru" (falten) und „kami" (Papier) ab. Während das Wort selbst erst in der zweiten Hälfte des 19. Jahrhunderts in den japanischen Sprachgebrauch eingeführt wurde, existiert die Kunst des Papierfaltens schon sehr viel länger. Es heißt sogar, die Geschichte des Origami beginne etwa gleichzeitig mit der Erfindung des Papiers um 110 n. Chr.

Vom Ende des 8. bis zum Ende des 12. Jahrhunderts diente das Papierfalten zur Unterhaltung in japanischen Adelshäusern. In der Zeit zwischen dem 14. und 19. Jahrhundert gab es in Japan parallel zu den Blütezeiten der bildenden Kunst auch Blütezeiten des Origami. Interessanterweise faltete in Europa schon Leonardo da Vinci (1452 – 1519) verschiedene geometrische Modelle aus Papier.

Der deutsche Pädagoge und Begründer der Spielpädagogik Friedrich Fröbel (1782 – 1852) entwickelte gefaltete Papierfiguren als Bestandteil seines Erziehungskonzepts zur Förderung aller Sinne. Fröbels Erfindung des Kindergartens und sein pädagogisches Werk fanden weltweite Anerkennung, insbesondere auch in Japan. In der Folge verschmolzen europäische und japanische Papierfalttechniken zu dem, was heute „traditionelles Origami" genannt wird.

Im 20. Jahrhundert entwickelte sich Origami ständig weiter. Wurden die Falttechniken früher anonym überliefert, so gab es nun Künstlern zugeordnete Kreationen. Heute arbeiten Künstler, Mathematiker und Physiker gleichermaßen an komplexen Falttechniken und die Kunst des Origami ist in Ausstellungen weltweit präsent.

Mein Weg zum Origami

Wie viele andere auch habe ich schon als Kind das eine oder andere Blatt Papier in einen Papierflieger, einen Kranich oder Ähnliches verwandelt. Mein wahres Interesse an Origami wurde allerdings erst während meines Studiums geweckt.

Zwei Faktoren waren dafür ausschlaggebend. Zum einen hatte ich dank Internetzugang eine schier unbegrenzte Anzahl an Origami-Anleitungen der verschiedensten Art zur Verfügung. Zum anderen gab es in manch langen Vorlesungen nichts Besseres zu tun, als mit dem herumliegenden Papier zu spielen. Da ich nicht immer Anleitungen bei mir hatte, musste ich mich beim Falten auf mein Gedächtnis verlassen. Wenn ich dann an irgendeinem Punkt nicht mehr weiterwusste, begann ich zu improvisieren, und so entstanden meine ersten eigenen Modelle.

Damals habe ich auch meine Homepage www.scarygami.net mit dem Ziel aufgebaut, allen Interessierten, insbesondere Einsteigern, etwas zum Thema Origami zu bieten – von den notwendigen Grundlagen bis hin zu komplizierteren Modellen.

Das war auch mein Ziel für dieses Buch und ich hoffe, dass jeder etwas Interessantes findet und sich vielleicht dazu inspirieren lässt, über die Anleitungen hinauszugehen und eigene Faltobjekte zu erfinden.

Gerwin Sturm

Material

Im Fachhandel werden quadratische Faltblätter aus unterschiedlichen Papiersorten angeboten, zum Beispiel von der Buntpapierfabrik Ludwig Bähr:

1. Faltblätter aus Plakatpapier, intensiv oder superintensiv, 65 g/qm
2. Origami-Faltblätter, 75 g/qm, einseitig bedruckt
3. Japanische Origami-Faltblätter, 70 g/qm, beidseitig unterschiedlich bedruckt
4. Strohseide-Faltblätter, 25 g/qm, Seidenpapier mit Fasern vom Maulbeerbaum
5. Transparentpapier-Faltblätter, 42 g/qm
6. Seidenraupen-Transparentpapier-Faltblätter, 42 g/qm
7. Glanzpapier-Faltblätter, 80 g/qm, ungummiert, einseitig bedruckt

Gebräuchliche Maße sind 10 x 10 cm, 14 x 14 cm, 15 x 15 cm und 20 x 20 cm.

Außer den vorgeschnittenen Origamipapieren ist jedes Papier geeignet, das sich scharf falten lässt, ohne zu reißen, zum Beispiel Geschenkpapiere aus Natronkraftpapier. Allerdings ist das Falten mit festem Papier nicht so einfach wie mit dünnem Papier.
Beim Zuschneiden der Quadrate ist es wichtig, dass alle vier Seiten exakt gleich lang und gerade werden. Nur dann kann man auch die Faltungen exakt ausführen.

1

2

3

4

5

6

7

Grundlagen

Reihenfolge

Die in diesem Buch gezeigten Modelle bauen aufeinander auf, d. h. bei vielen Modellen werden Falttechniken erklärt, die bei späteren Motiven wieder verwendet, aber nicht mehr ausführlich gezeigt werden. Daher ist es sinnvoll, die Beispiele in der vorgegebenen Reihenfolge durchzuarbeiten.

Schwierigkeitsgrade

Bei jedem Modell ist der Schwierigkeitsgrad der Faltarbeit angegeben. Die Skala reicht von 1 bis 6: Je größer die Zahl, desto komplexer ist die Faltarbeit und erfordert mehr Geduld und Konzentration. Die angegebenen Schwierigkeitsgrade sind nur allgemeine Richtwerte.

Begriffe

Bei jeder vorgestellten Falttechnik ist auch ihr englischer Name angegeben, da die meisten Anleitungen, die man im Internet findet, auf Englisch sind. Bei den Anleitungen hier im Buch wird in der Regel auf die Seite verwiesen, auf der die genannte Technik zum ersten Mal verwendet und erklärt wird. Eine Übersicht über alle Techniken und die entsprechenden Seitenangaben finden Sie auf Seite 4 neben dem Inhaltsverzeichnis.

Grundsätzliche Tipps

- Das Papier auf einer glatten, festen Unterlage falten.
- Gerade und exakt falten. Eine ungenau gesetzte Falte zieht weitere Ungenauigkeiten nach sich.
- Die Faltkante mit dem Zeigefinger oder dem Daumennagel nachziehen. Ist sie nicht scharf genug, kann man mit einem Lineal nachhelfen.
- Beim Falten stets nicht nur den aktuellen, sondern auch den nachfolgenden Schritt ansehen.
- Übung macht auch beim Falten den Meister. Haben Sie Geduld, wenn Sie die eine oder andere Technik nicht gleich auf Anhieb schaffen. Nachdem Sie ein paar Modelle gefaltet haben, werden Sie nicht einmal mehr darüber nachdenken müssen.

Diagramme

Seit es Origami-Anleitungen (Diagramme) gibt, haben sich einige Zeichenstandards herausgebildet. Das Yoshizawa-Randlett System, das als internationaler Standard akzeptiert wird, wurde zuerst von Akira Yoshizawa entwickelt und dann von Samuel Randlett und Robert Harbin weiter verfeinert. Dieses System verwende ich mit einigen Ergänzungen in meinen Anleitungen. Prinzipiell sollten diese Symbole genügen, um Diagramme nachzuvollziehen. Es ist trotzdem sinnvoll, immer die Beschreibungen zu den einzelnen Schritten zu lesen.

Faltsymbole

Normales Origamipapier (Kami) hat eine farbige und eine weiße Seite (s. Seite 6, Papier Nr. 2) und ist für Erstversuche sehr gut geeignet. Daher verwende ich in den Zeichnungen auch eine weiße und eine graue Seite, damit die Anleitungen leichter nachvollziehbar sind. Wenn für manche Modelle einfarbiges Papier besser geeignet ist, wird das bei dem jeweiligen Modell erwähnt.

Am Anfang jeder Anleitung findet man eines der folgenden Zeichen:

Die farbige Seite liegt oben.

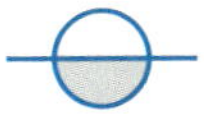

Die weiße Seite liegt oben ...

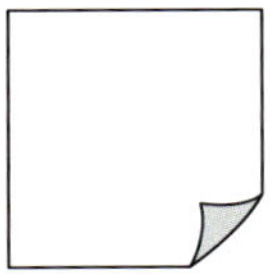

... so wie hier.

Bei den Zeichnungen gibt es verschiedene Arten von Linien.

Dicke Linien stellen entweder den Papierrand oder Kanten von Faltungen dar.

Dünne Linien sind Falze von vorherigen Faltungen.

Punktierte Linien zeigen Linien, die hinter Papierlagen versteckt sind, bzw. gedachte Linien zur besseren Orientierung.

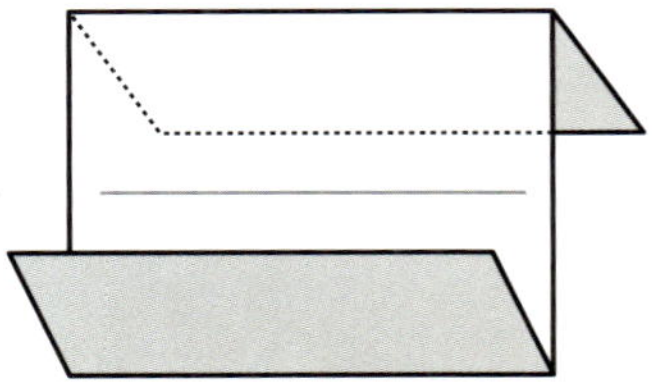

Die Grundlage bilden zwei Faltungen:
- die **Talfalte** (valley fold): nach vorn, d. h. zu sich falten, sowie
- die **Bergfalte** (mountain fold): nach hinten falten.

Die Symbole für eine Talfalte sind die gestrichelte Linie und ein Pfeil, der anzeigt, in welche Richtung gefaltet werden soll.

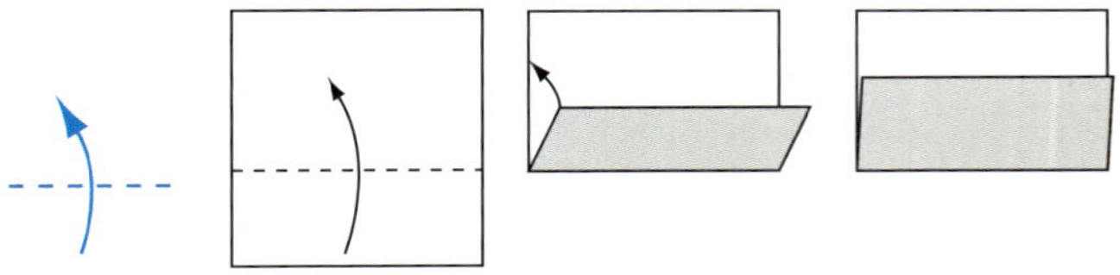

Die Symbole für eine Bergfalte sind eine Strich-Punkt-Punkt-Linie und ein Pfeil mit einer speziellen Spitze.

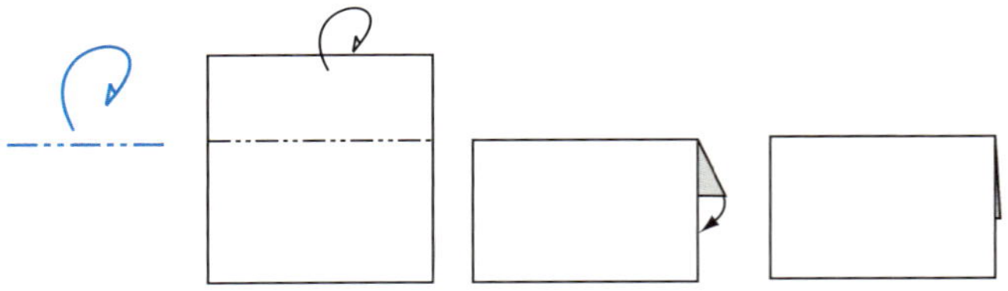

Für die meisten Falttechniken ist es hilfreich, die notwendigen Faltungen zuerst mithilfe von Tal- und/oder Bergfalten vorzufalten, also zu falten und zu entfalten. Dabei sollte man darauf achten, dass die Faltungen an der richtigen Position sind, bevor man diese fest nachzieht.

Eine Talfalte ausführen und wieder entfalten.

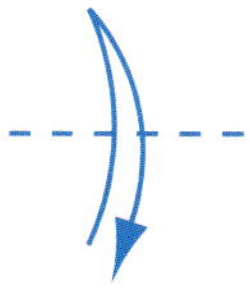

Eine Bergfalte ausführen und wieder entfalten.

An der gezeigten Stelle drücken.

Das Modell öffnen.

Das Modell wie gezeigt drehen.

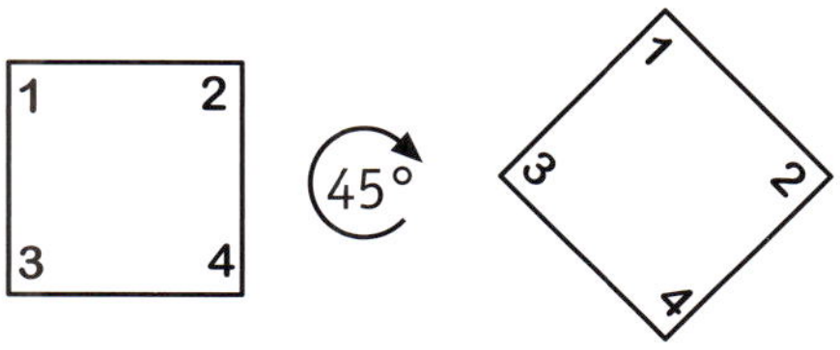

Das Modell wie gezeigt wenden.

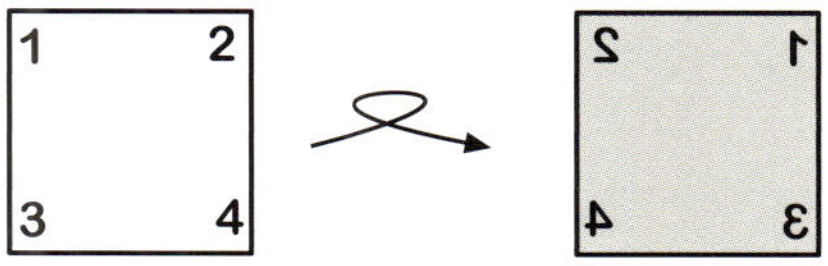

Das Modell bzw. ein Teil des Modells wird ab sofort größer gezeigt.

Das Modell wird wieder komplett gezeigt.

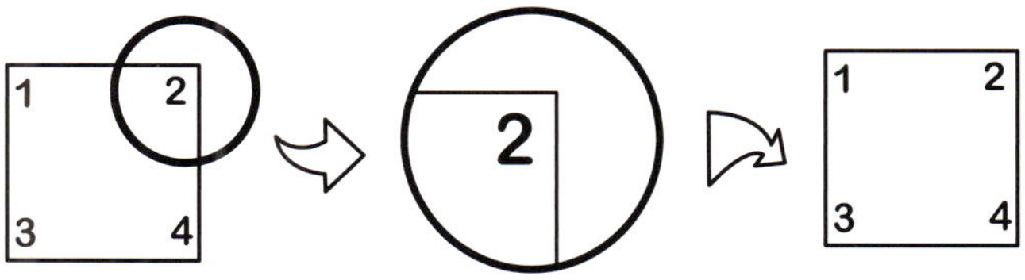

Das Modell wird aus einer anderen Richtung betrachtet.

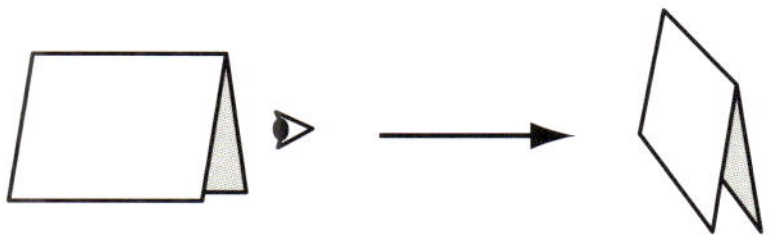

Markiert einen Punkt, der als Orientierung für eine Faltung dient.

In das Modell kurz und kräftig hineinpusten.

Das Modell an der gezeigten Stelle fest zusammenhalten.

Die gezeigte Stelle festhalten und in die gezeigte Richtung ziehen.

Den aktuellen Schritt an einer anderen Stelle wiederholen.

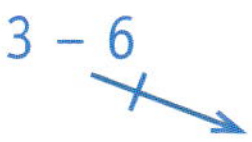

Die gezeigten Schritte an einer anderen Stelle wiederholen.

Schwan

Autorin: Anna Kastlunger

Schwierigkeitsgrad 1

Dieser Schwan ist das Logo von „Origami Österreich" (www.origamiaustria.at).

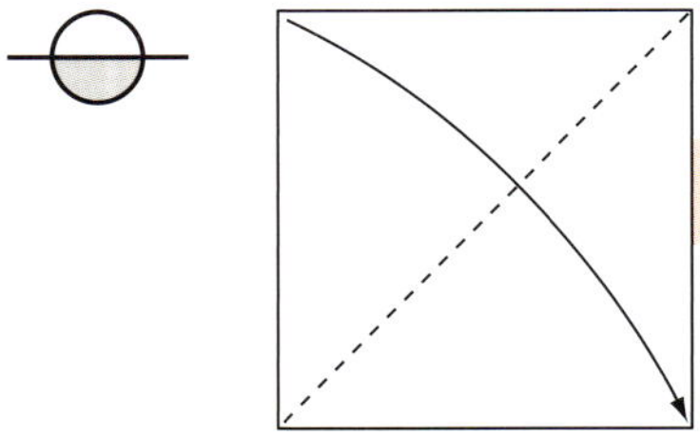

1 Entlang der Diagonale falten.

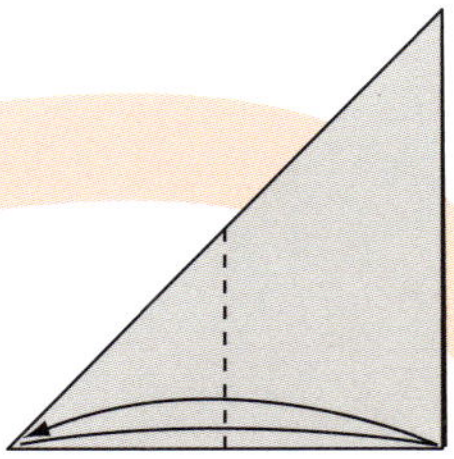

2 Die Spitze zur Ecke falten und wieder entfalten.

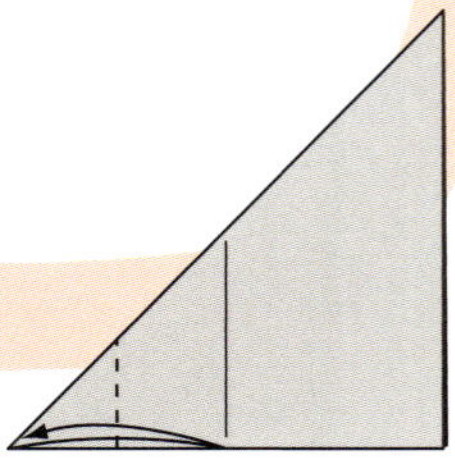

3 Die Spitze zur Markierung falten und wieder entfalten.

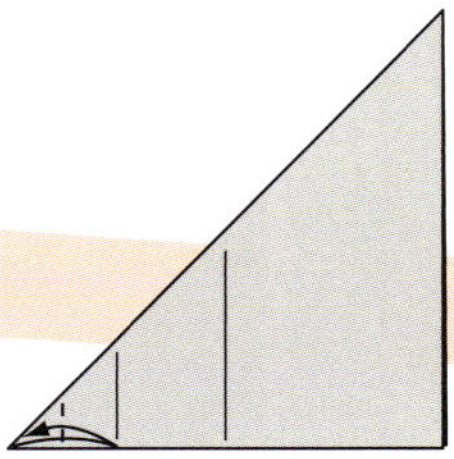

4 Die Spitze zur neuen Markierung falten und entfalten.

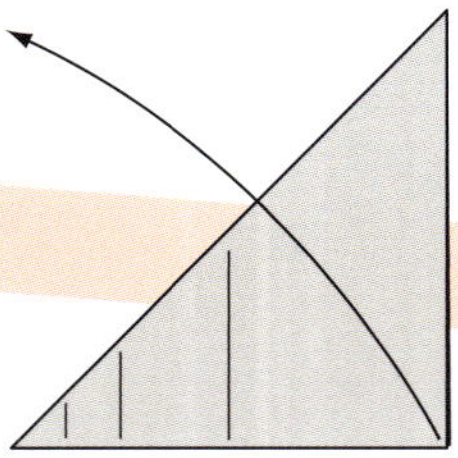

5 Das Blatt entfalten.

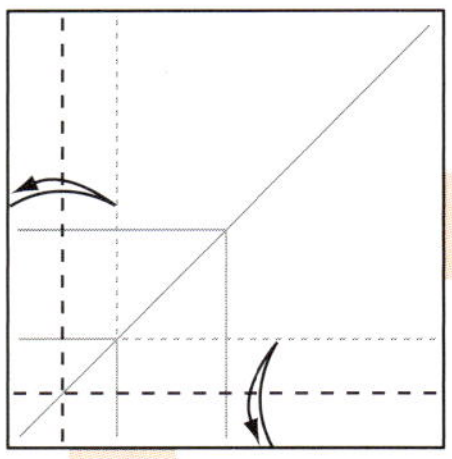

6 Die Seiten zur Markierung falten und entfalten.

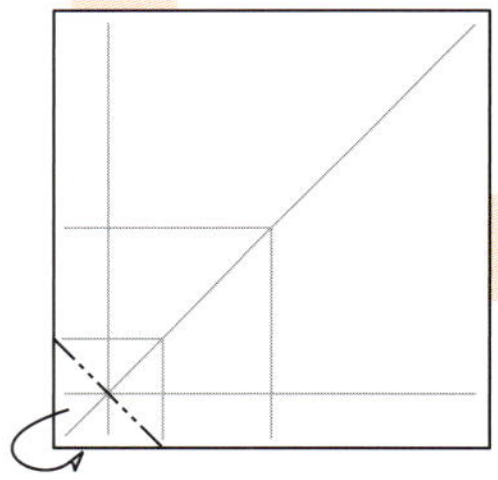

7 Die Ecke nach hinten falten (Bergfalte).

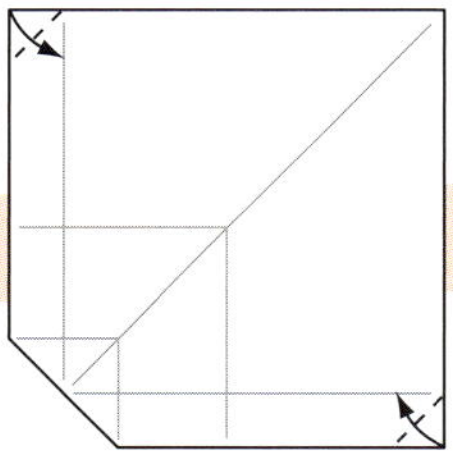

8 Die beiden Ecken falten.

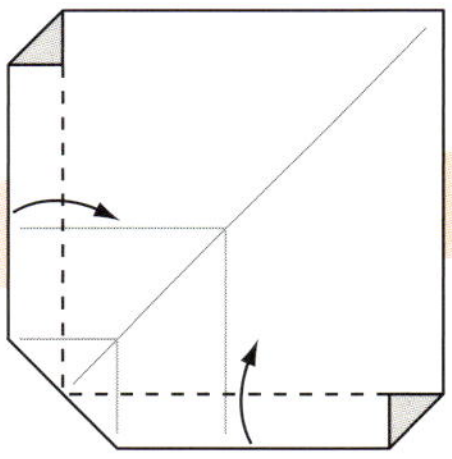

9 Die Seiten entlang der Vorfaltung nach innen falten.

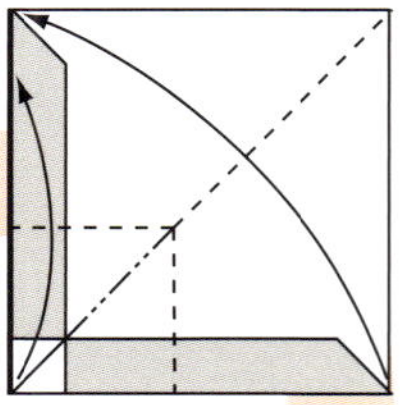

10 Das Modell diagonal falten und dabei die Ecke an den Vorfaltungen nach innen bringen.

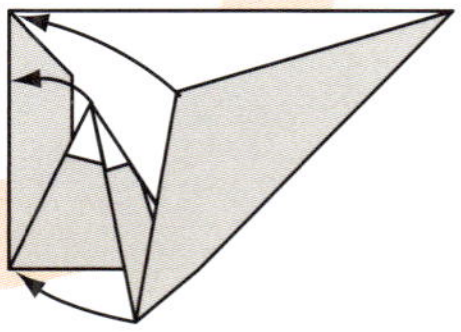

11 Ansicht während Schritt 10 ausgeführt wird. Das Modell mithilfe der Vorfaltungen flach drücken.

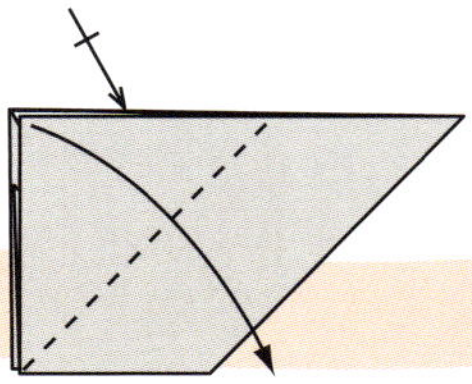

12 Eine Lasche nach unten falten. Auf der Rückseite wiederholen.

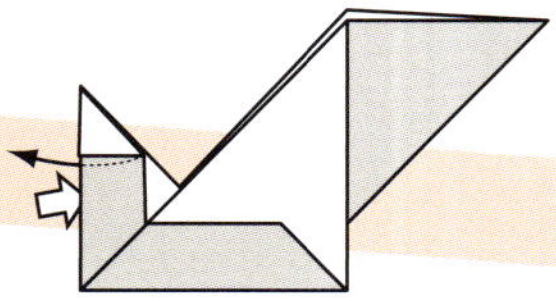

13 Den Schnabel aus dem Inneren herausziehen.

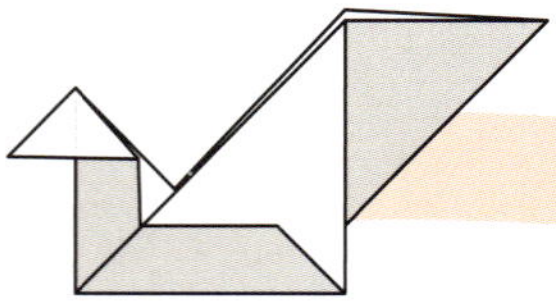

14 Fertiger Schwan.

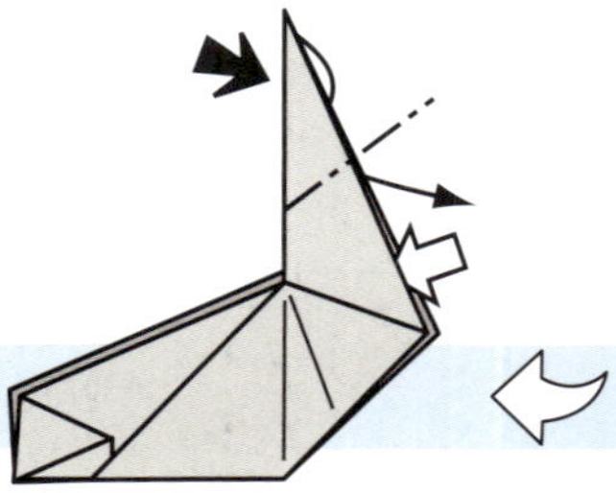

15 Schritte 12 bis 14 sind ein **innerer Gegenbruch**. Den Kopf ebenso mit einem Gegenbruch formen.

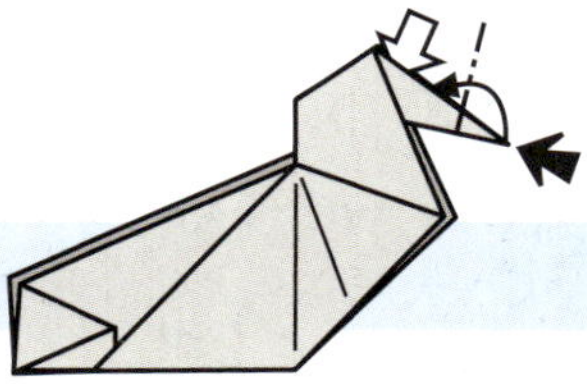

16 Die Spitze mit einem weiteren Gegenbruch nach innen falten, um die Nase abzurunden.

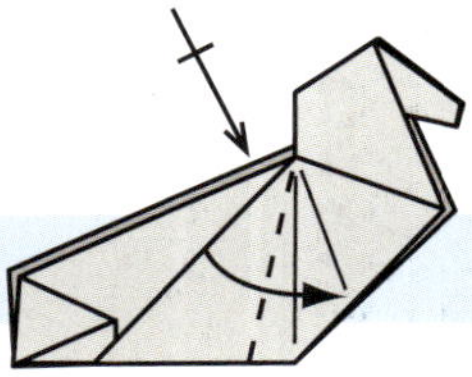

17 Die Flosse nach vorn falten. Auf der Rückseite wiederholen.

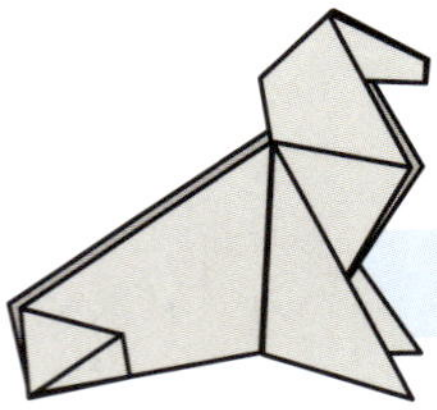

18 Fertige Robbe.

Robbe

Autor: Gerwin Sturm

Schwierigkeitsgrad 2

Bei diesem Modell werden die sogenannte Hasenohrfaltung (rabbit ear), die Fischgrundform (fish base) sowie der innere Gegenbruch (inside reverse fold) gezeigt.

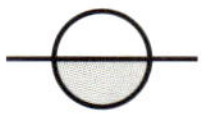

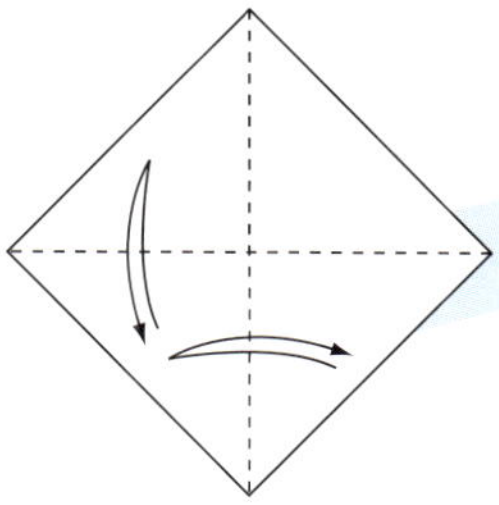

1 Die Diagonalen falten und entfalten.

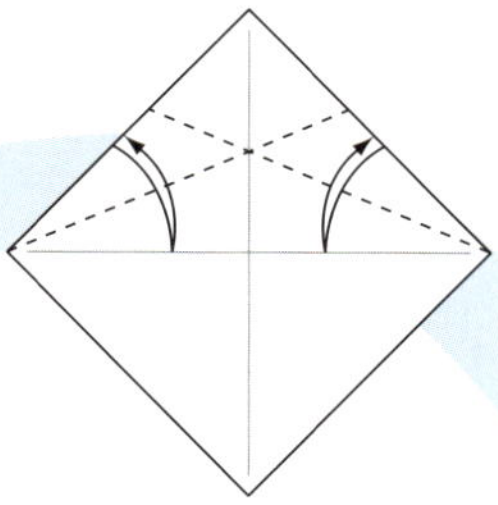

2 Die Seiten zur Mitte falten und wieder entfalten.

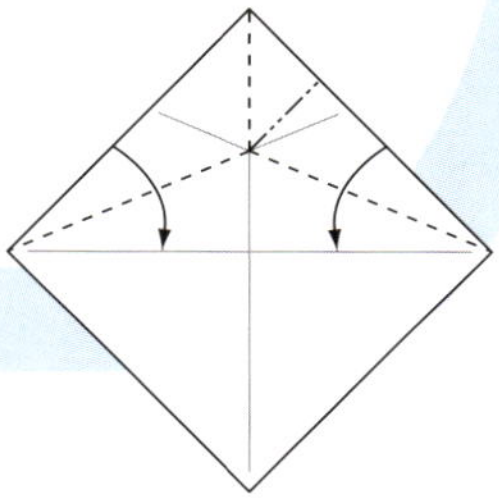

3 Schritte 3 und 4 sind eine **Hasenohrfaltung**. Die beiden Seiten nach unten falten.

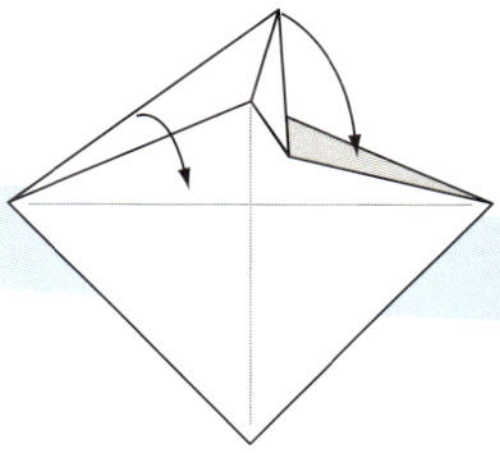

4 Die obere Spitze auf die Seite legen und das Modell glätten.

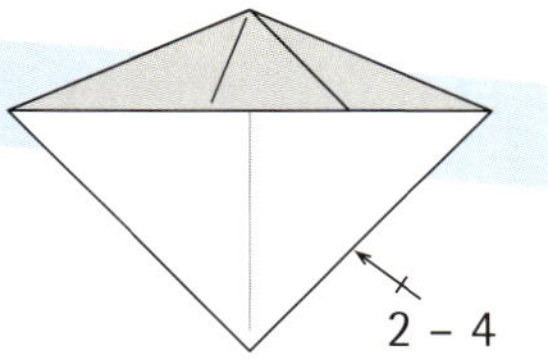

5 Die Schritte 2 bis 4 an der unteren Hälfte wiederholen.

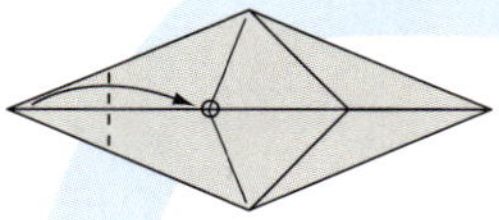

6 Das ist die **Fischgrundform**. Die Spitze zum gezeigten Punkt falten.

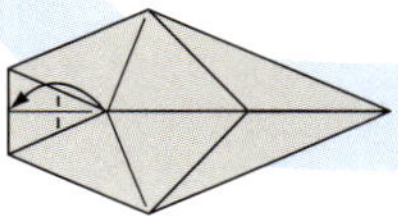

7 Die Spitze zurück zum Rand falten.

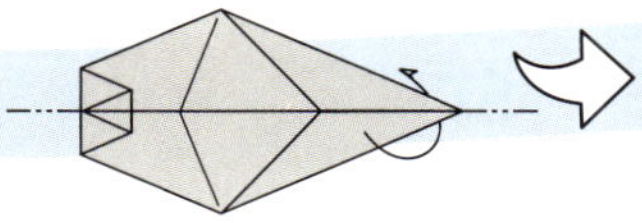

8 Die untere Hälfte hinter die obere falten (Bergfalte).

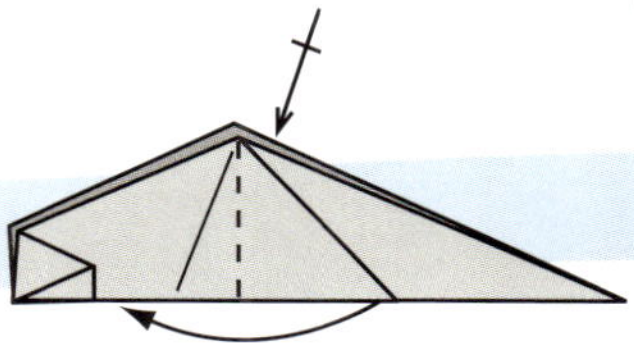

9 Die Flosse nach hinten falten. Auf der Rückseite wiederholen.

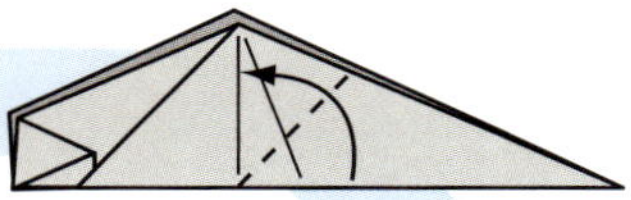

10 Die Spitze so falten, dass sie senkrecht nach oben steht.

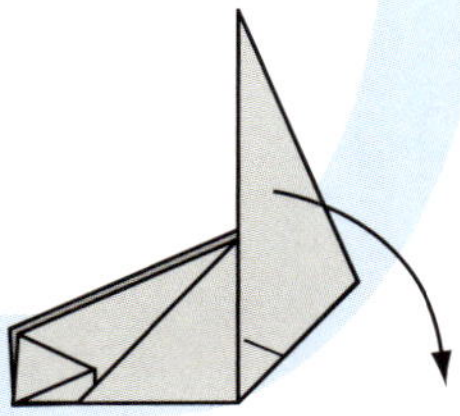

11 Wieder entfalten.

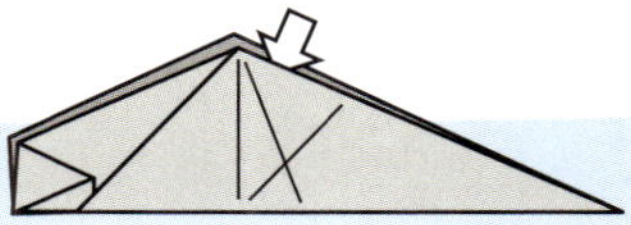

12 Das Modell an der gezeigten Stelle leicht öffnen.

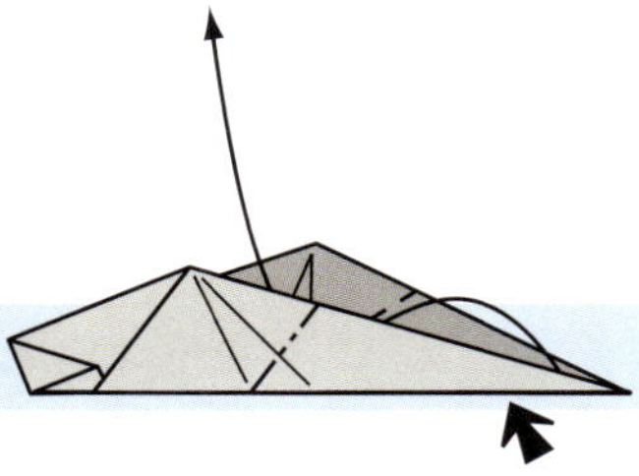

13 Die Kante nach oben drücken.

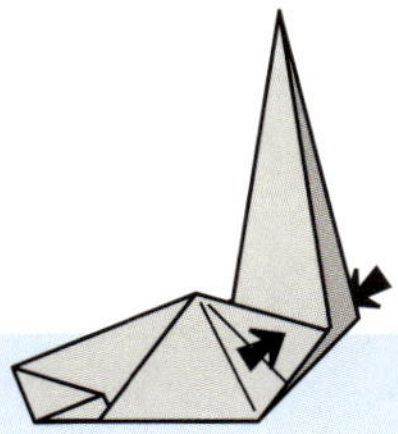

14 Das Modell mithilfe der Vorfaltungen (Schritt 10) glätten.

Würfel

Traditionelles Modell

Schwierigkeitsgrad 2

Der Würfel ist auch als Wasserbombe bekannt, entsprechend wird hier die Wasserbombengrundform (waterbomb base) gezeigt.

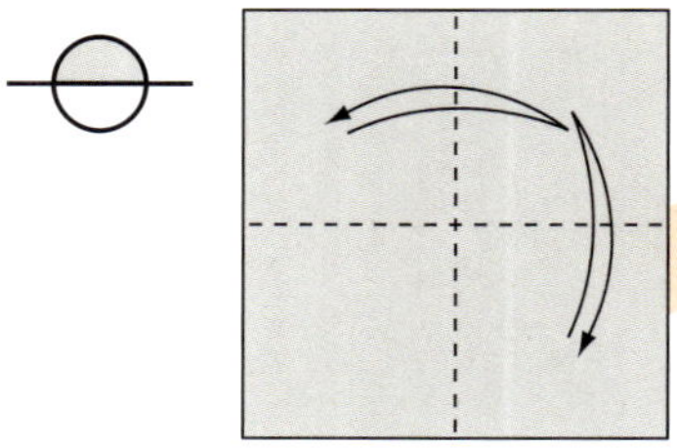

1 Horizontal und vertikal in der Mitte falten und entfalten. Das Blatt wenden.

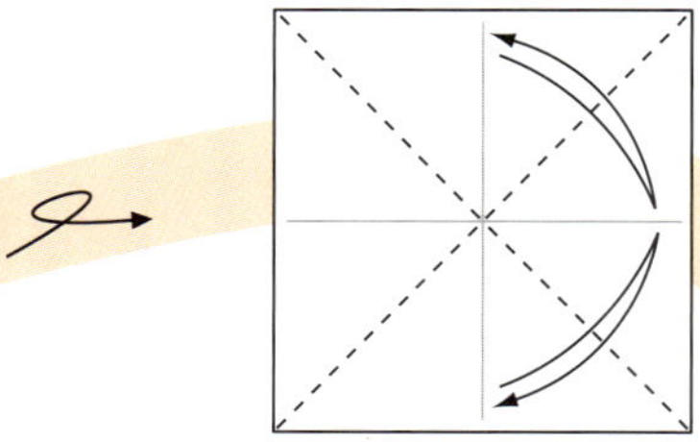

2 Die Diagonalen falten und entfalten.

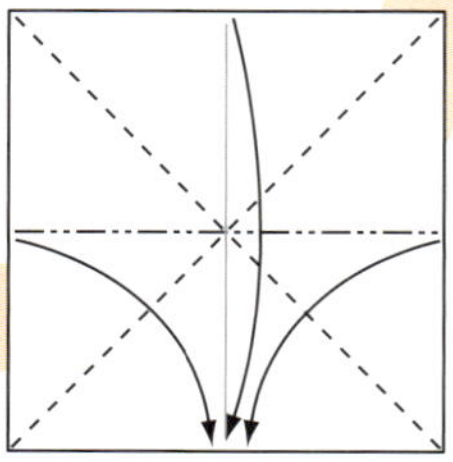

3 Die Seiten gleichzeitig nach unten zur Mitte bringen.

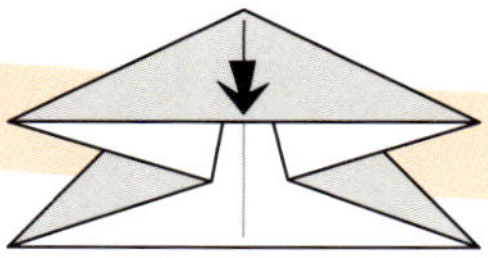

4 Zwischenschritt: Das Modell flach drücken.

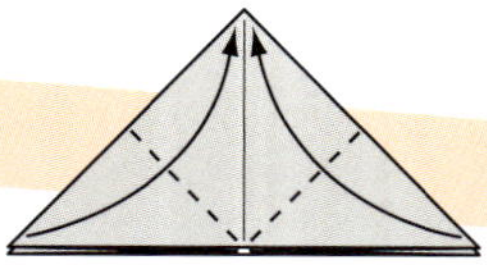

5 Das ist die **Wasserbombengrundform**. Die Ecken nach oben zur Mitte falten.

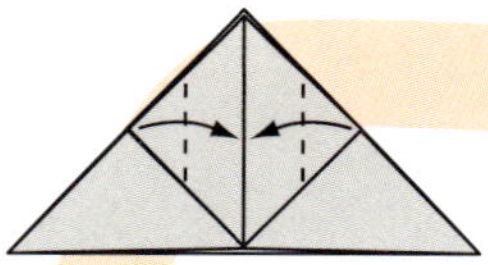

6 Die Ecken zur Mitte falten.

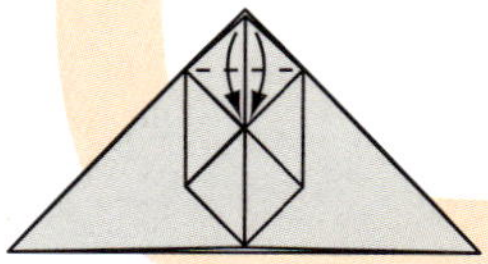

7 Die beiden einzelnen Spitzen nach unten falten.

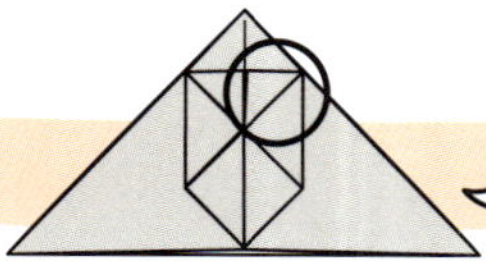

8 Der markierte Bereich wird in den nächsten Schritten genauer gezeigt.

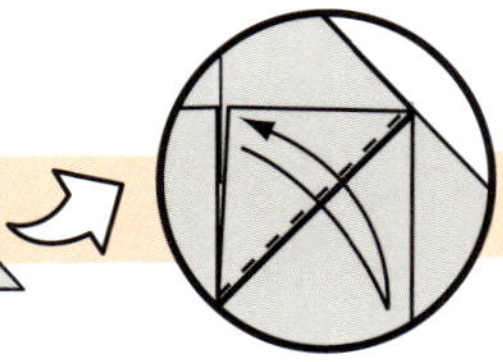

9 Die Ecke entlang der Kante falten und entfalten.

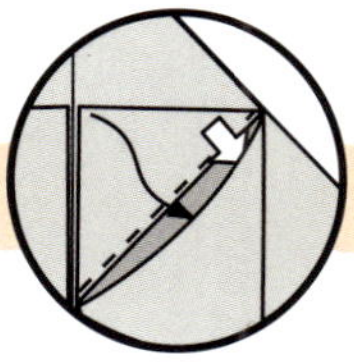

10 Die Tasche öffnen und die Ecke hineinstecken.

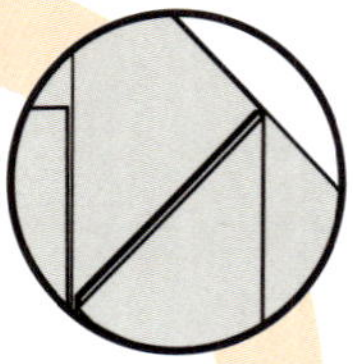

11 Ergebnis von Schritt 10.

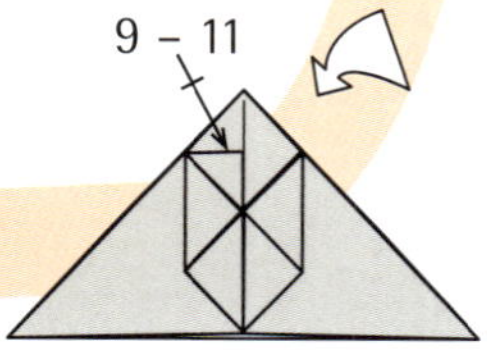

12 Schritte 9 bis 11 auf der linken Seite wiederholen.

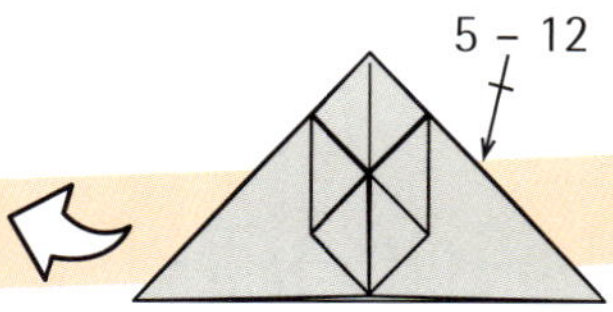

13 Schritte 5 bis 12 auf der Rückseite wiederholen.

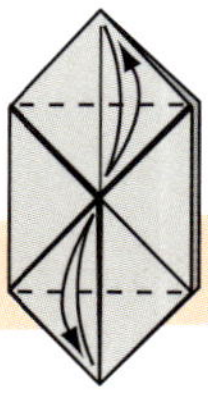

14 Beide Spitzen zur Mitte falten und wieder entfalten.

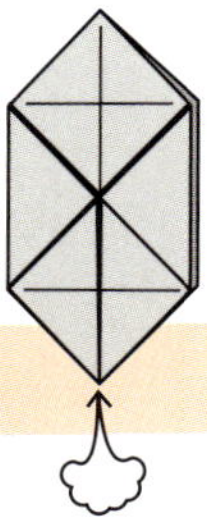

15 Kräftig ins untere Loch pusten und die Kanten formen.

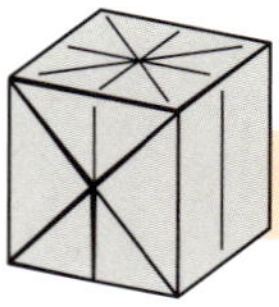

16 Fertiger Würfel.

Flatternder Vogel

Traditionelles Modell

Schwierigkeitsgrad 2

Bei diesem Modell werden das zusammengeschobene Quadrat (preliminary base), die Blütenblattfaltung (petal fold) und die Vogelgrundform (bird base) gezeigt.

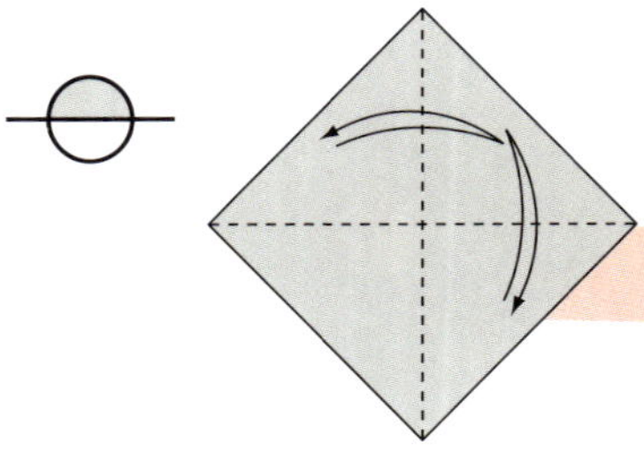

1 Die Diagonalen falten und entfalten. Danach das Blatt wenden.

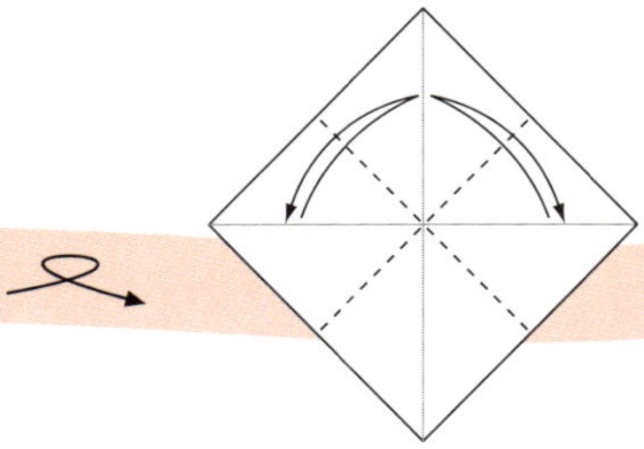

2 In beiden Richtungen mittig falten und entfalten.

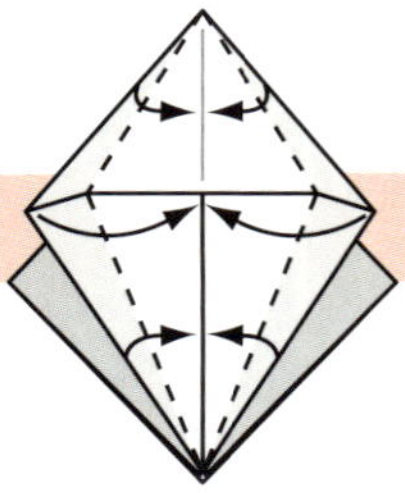

9 Die Seiten nach innen klappen und das Modell flach drücken. Schritte 5 bis 9 sind eine **Blütenblattfaltung**.

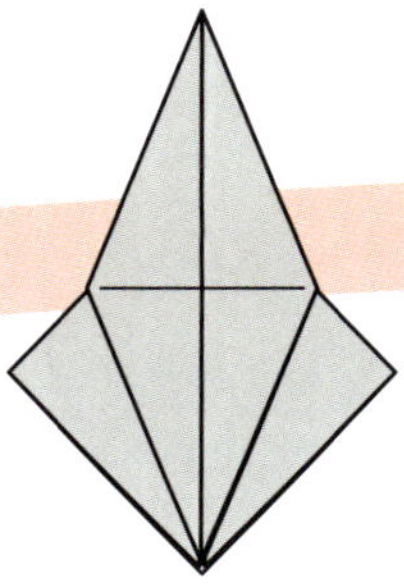

10 Ergebnis von Schritt 9. Das Modell wenden.

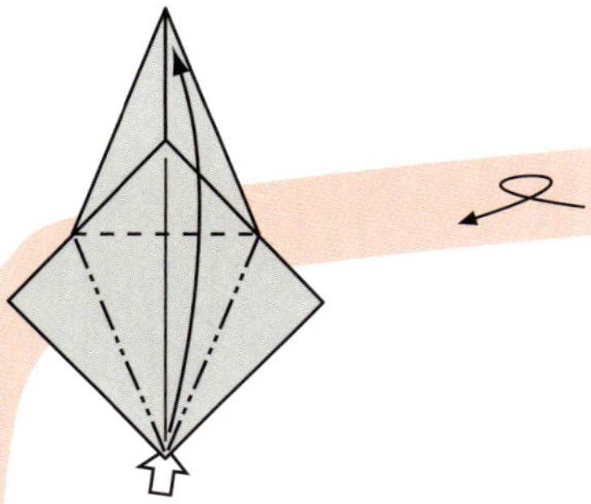

11 Die Blütenblattfaltung auf dieser Seite wiederholen.

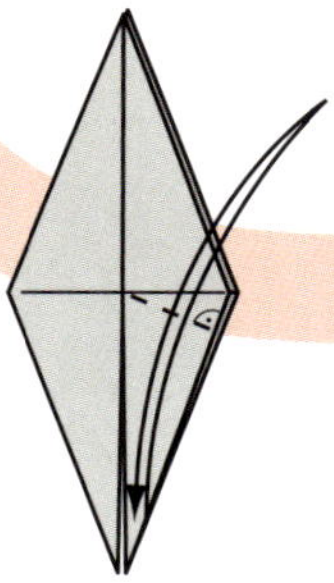

12 Das ist die **Vogelgrundform**. Die Spitze nach oben falten und wieder entfalten.

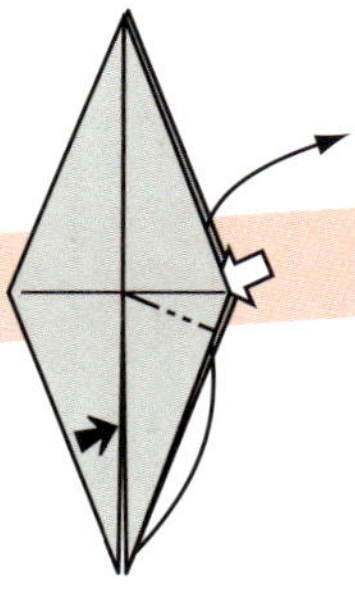

13 An den Vorfaltungen einen inneren Gegenbruch (s. S. 12) ausführen.

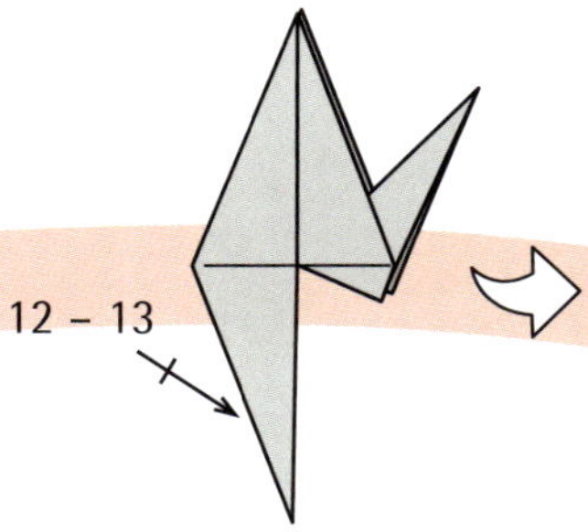

14 Schritte 12 und 13 an der anderen Spitze wiederholen.

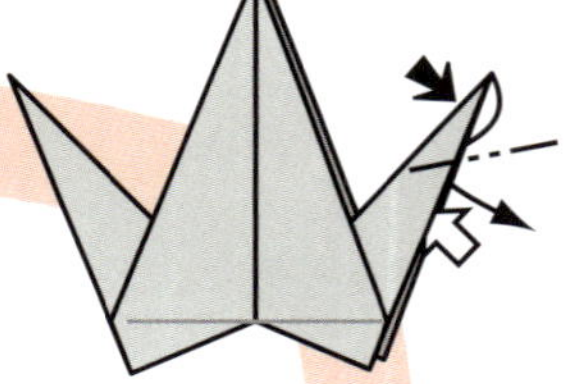

15 Den Kopf mit einem inneren Gegenbruch formen.

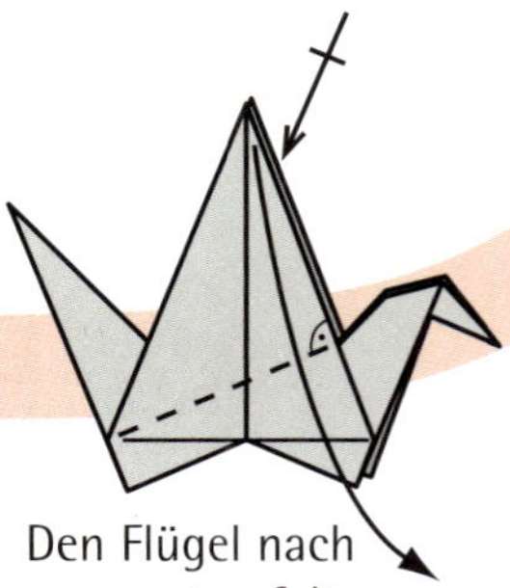

16 Den Flügel nach vorn unten falten. Auf der Rückseite wiederholen.

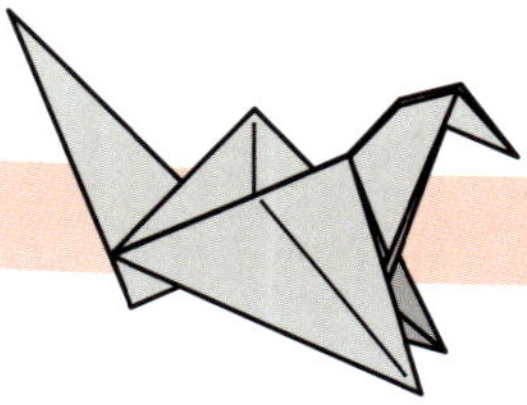

17 Fertiger Vogel.

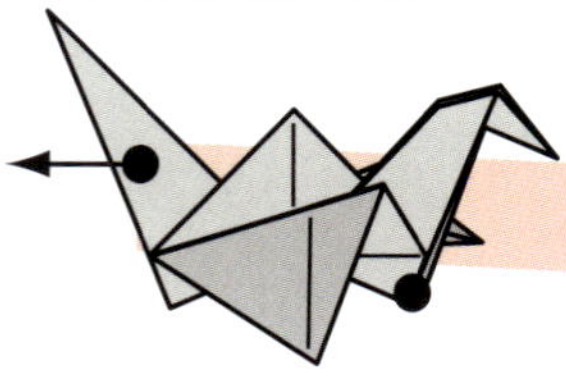

18 Zum Flattern den Vogel vorn an der gezeigten Stelle festhalten und den Schwanz nach hinten ziehen.

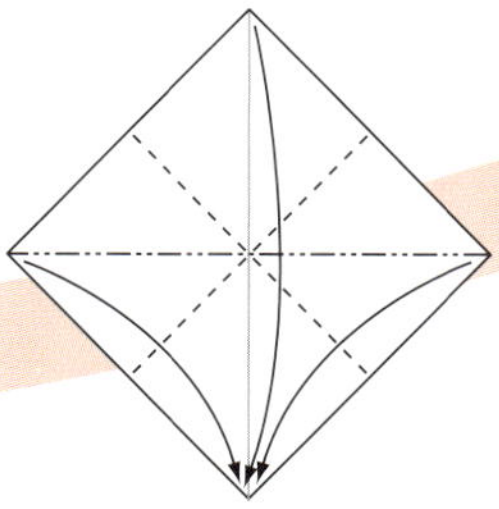

3 Die Ecken gleichzeitig zur unteren Ecke bringen.

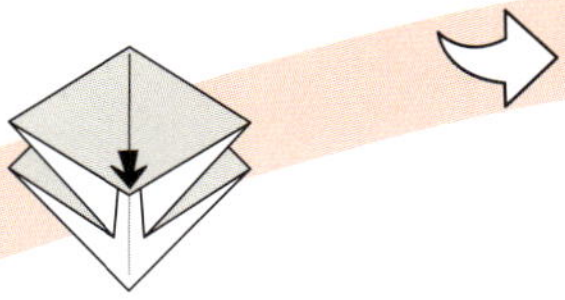

4 Zwischenschritt: Das Modell flach drücken.

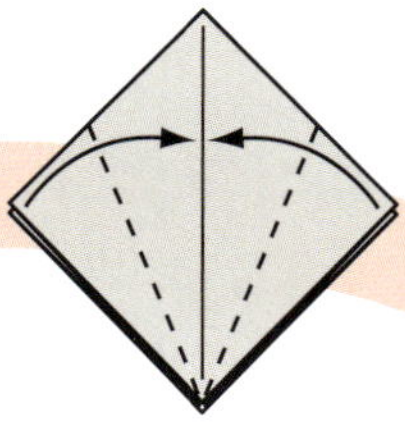

5 Das ist ein sogenanntes **zusammengeschobenes Quadrat**. Die Seiten zur Mitte falten.

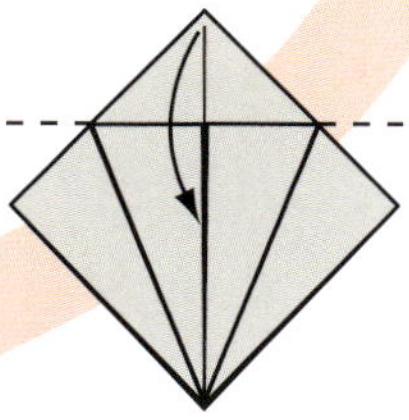

6 Die obere Spitze entlang der Kante nach unten falten.

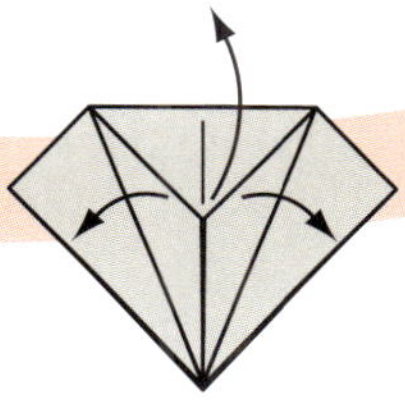

7 Bis zu Schritt 5 entfalten.

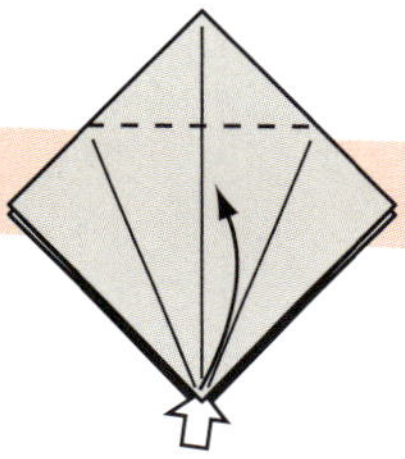

8 Die oberste Papierlage anheben.

Kranich

Traditionelles Modell

Schwierigkeitsgrad 2

Auch der bekannte traditionelle Kranich zeigt die auf Seite 16 vorgestellte Vogelgrundform (bird base). Nach einer alten japanischen Legende soll das Falten von 1000 Kranichen Glück und ein langes Leben bescheren.

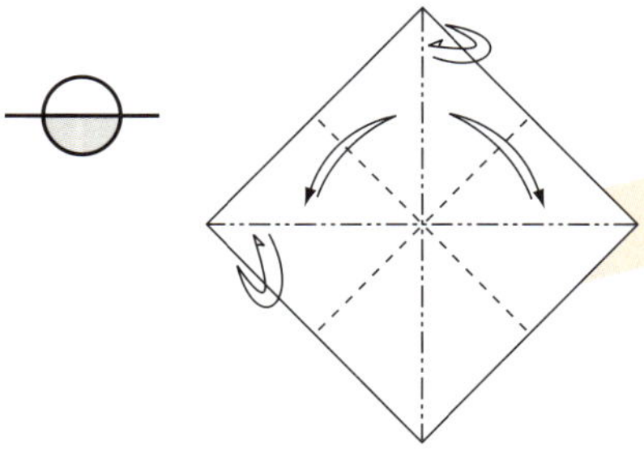

1 Wie gezeigt falten und wieder entfalten.

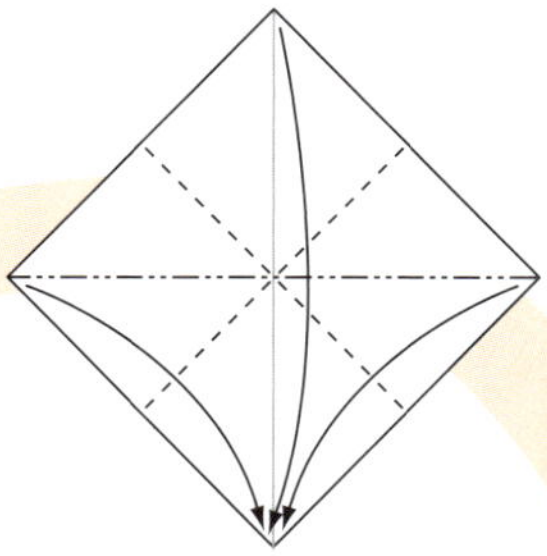

2 Ein zusammengeschobenes Quadrat falten (s. S. 17).

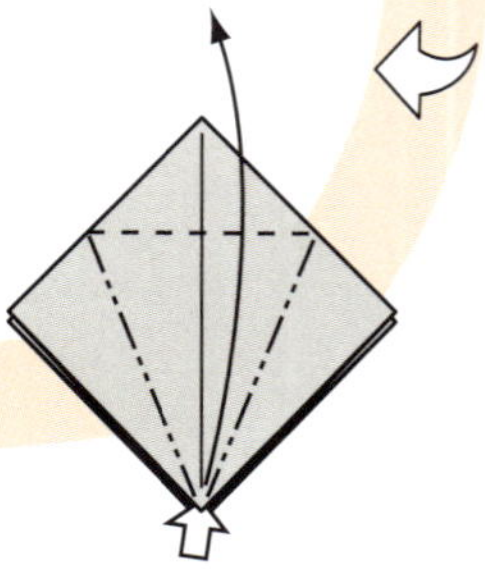

3 Eine Blütenblattfaltung (s. S. 16) ausführen.

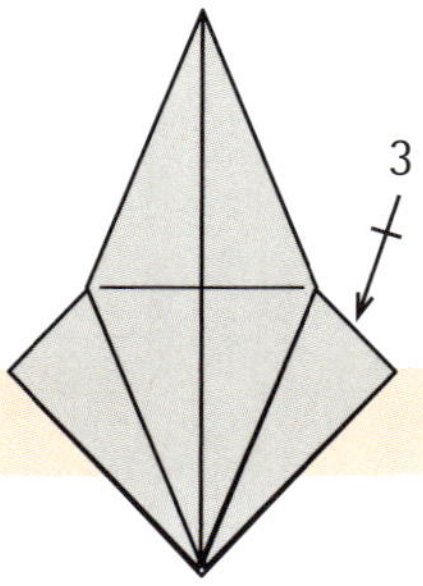

4 Schritt 3 auf der Rückseite wiederholen.

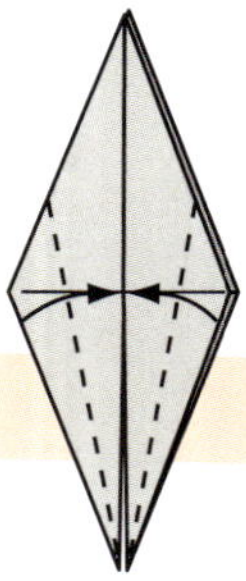

5 Dies ist die **Vogelgrundform**. Die Seiten zur Mitte falten.

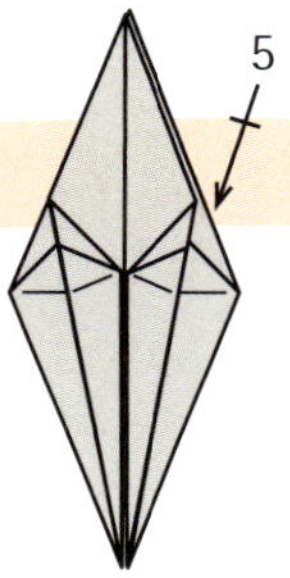

6 Schritt 5 auf der Rückseite wiederholen.

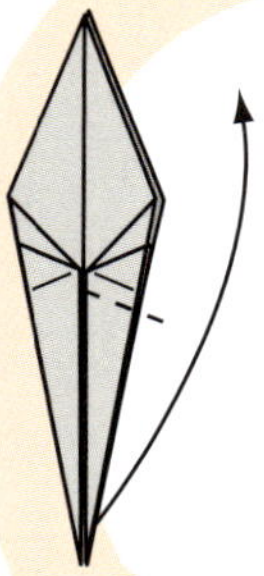

7 Die Spitze so nach oben falten, wie der Hals am Ende aussehen soll.

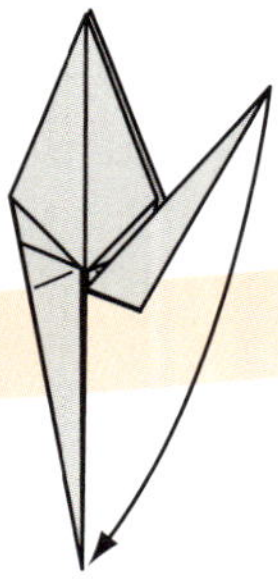

8 Zum Beispiel so. Wieder entfalten.

9 An der Vorfaltung einen inneren Gegenbruch (s. S. 12) ausführen.

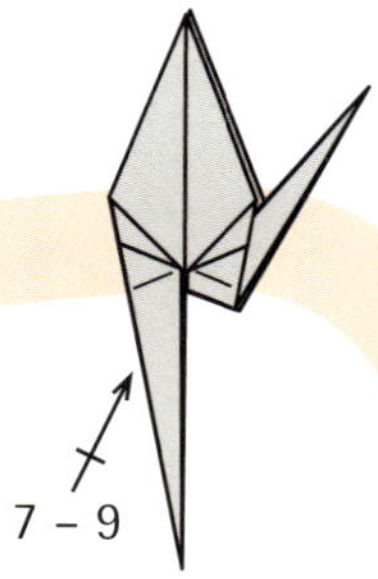

10 Schritte 7 bis 9 für die hintere Spitze wiederholen.

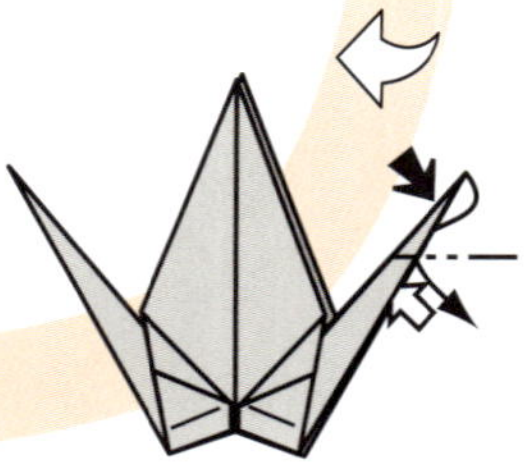

11 Den Kopf mit einem inneren Gegenbruch formen.

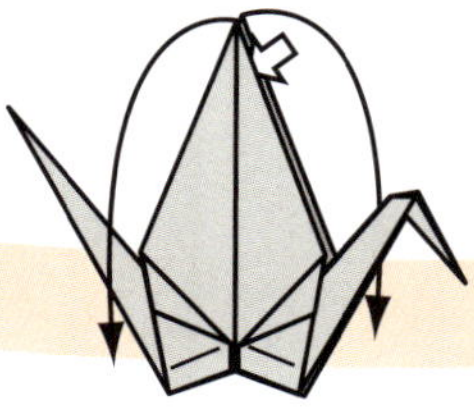

12 Die Flügel leicht nach unten klappen (nicht falten).

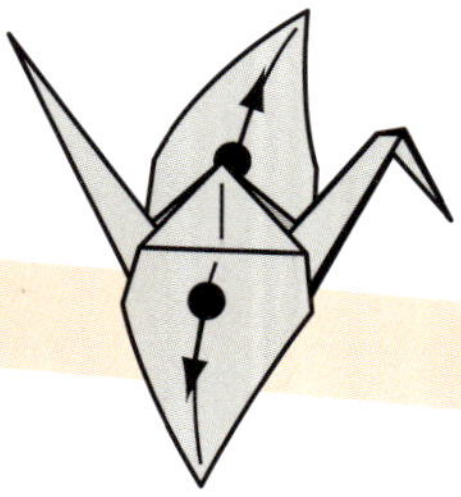

13 An den Flügeln festhalten und vorsichtig auseinanderziehen, um den Körper zu formen.

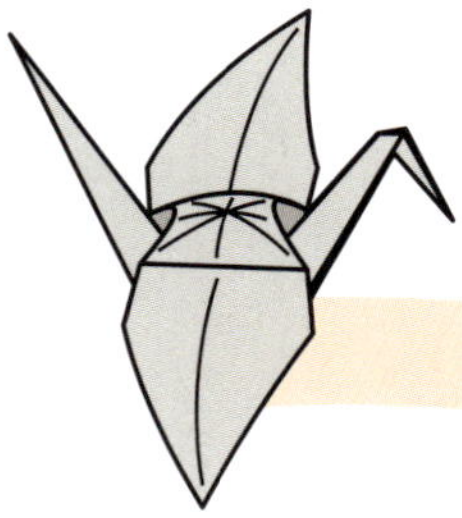

14 Fertiger Kranich.

Einfache Blüte

Abbildung Seite 22

Autor: Gerwin Sturm

Schwierigkeitsgrad 3

Dieses Modell war eine meiner ersten eigenen Erfindungen und entstand durch Spielen mit der Vogelgrundform von Seite 16. Hier wird das offene Versenken (open sink) gezeigt.

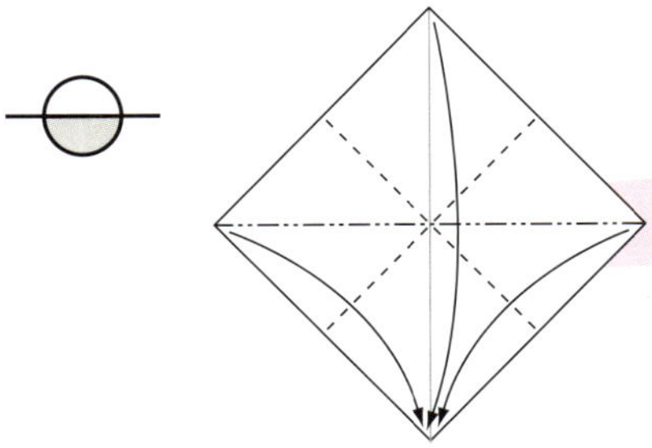

1 Ein zusammengeschobenes Quadrat falten (s. S. 17).

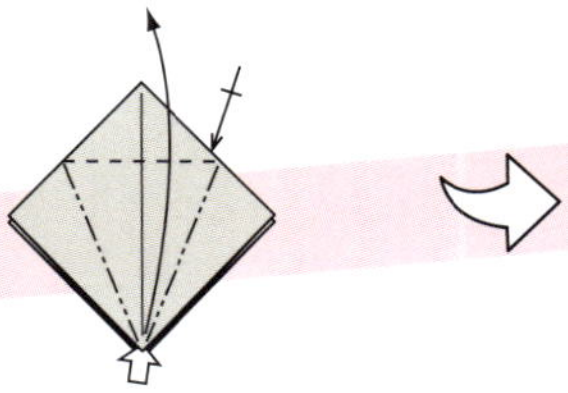

2 Eine Blütenblattfaltung (s. S. 16) ausführen. Auf der Rückseite wiederholen.

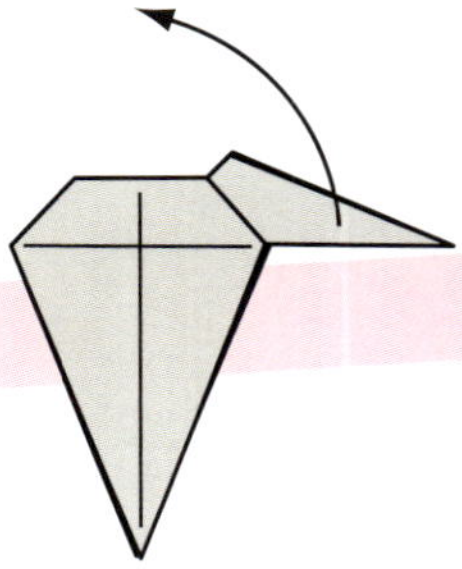

11 Wieder entfalten.

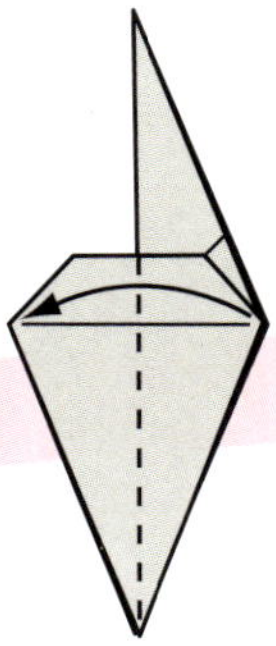

12 Die Lasche zurück nach links klappen.

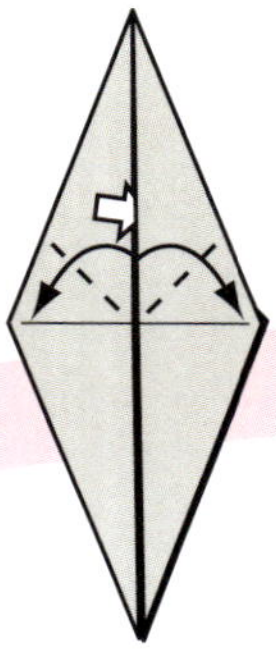

13 Die Lasche in der Mitte öffnen und die Kanten entlang der Vorfaltung nach außen falten.

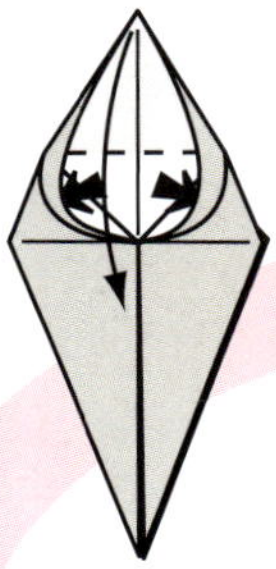

14 Die Spitze nach unten bringen und das Modell glätten.

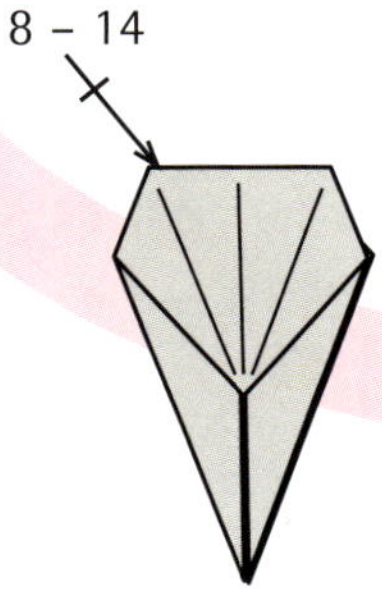

15 Schritte 8 bis 14 auf der Rückseite wiederholen.

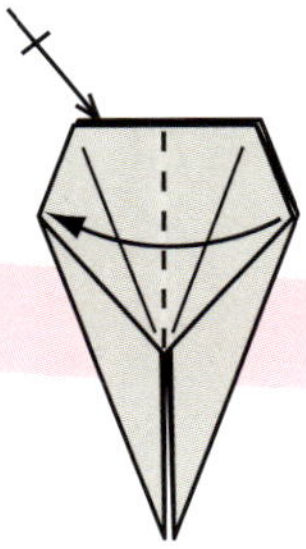

16 Eine Lasche nach links klappen und auf der Rückseite eine Lasche gegengleich nach rechts.

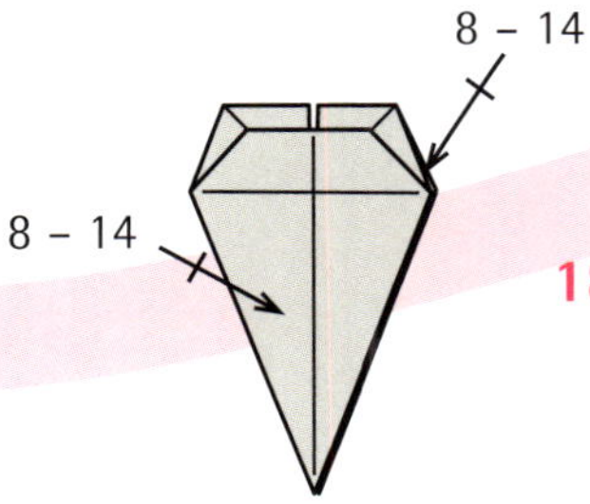

17 Schritte 8 bis 14 auf Vorder- und Rückseite wiederholen.

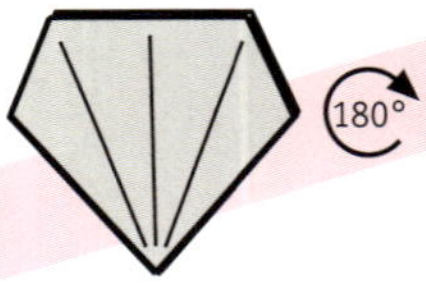

18 Das Modell um 180 Grad drehen.

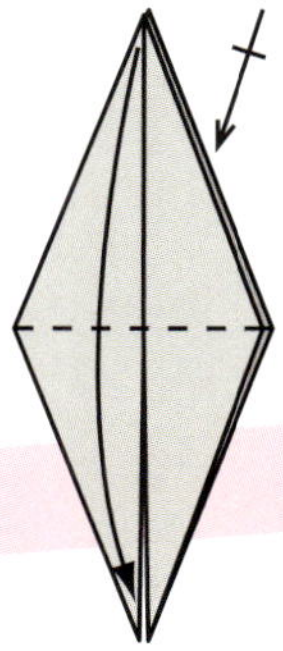

3 Eine Spitze nach unten falten. Auf der Rückseite wiederholen.

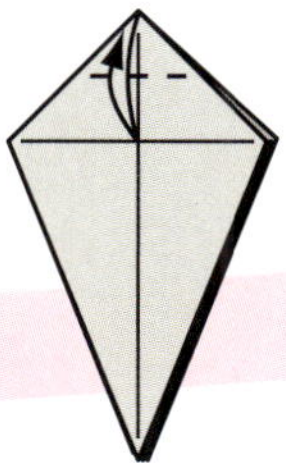

4 Die Spitze zum Falz falten und wieder entfalten.

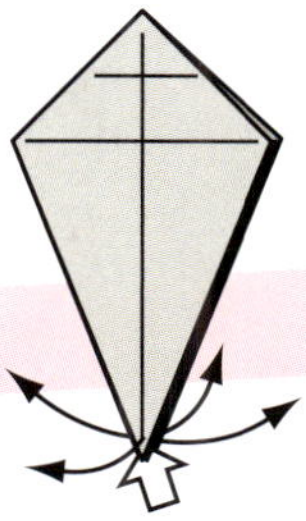

5 Das Modell von unten her öffnen.

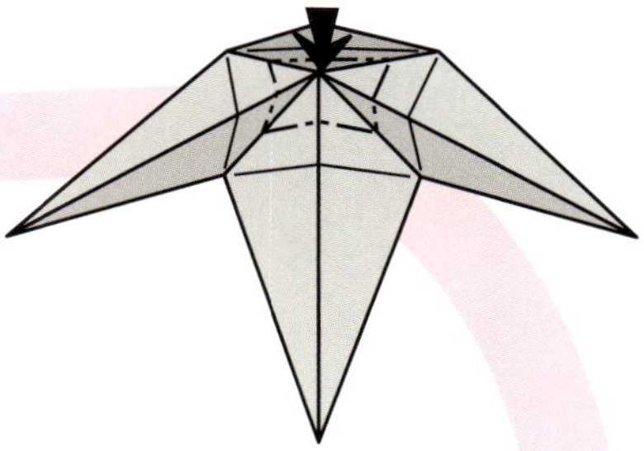

6 Die Spitze entlang der Vorfaltung nach innen drücken.

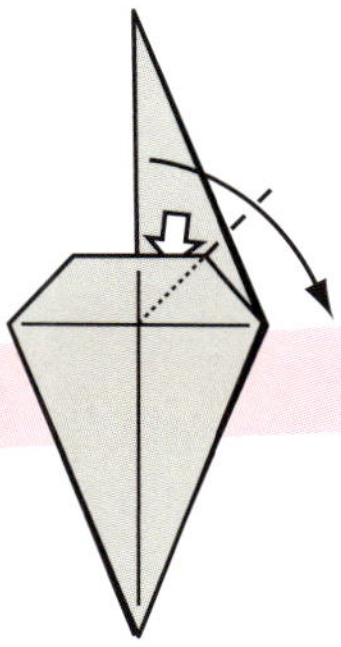

10 Die Spitze nach unten falten, sodass sie waagrecht liegt.

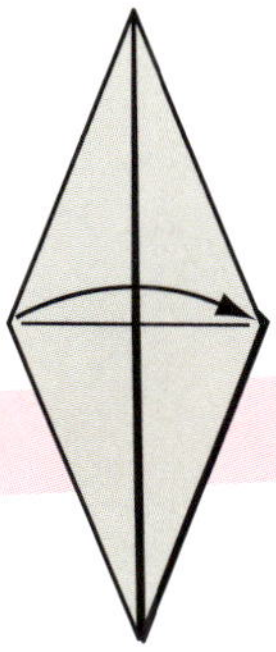

9 Eine Lasche nach rechts klappen.

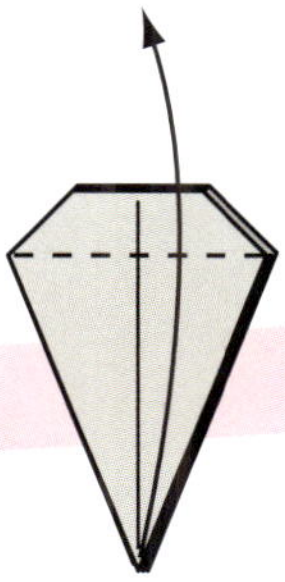

8 Eine Spitze nach oben falten.

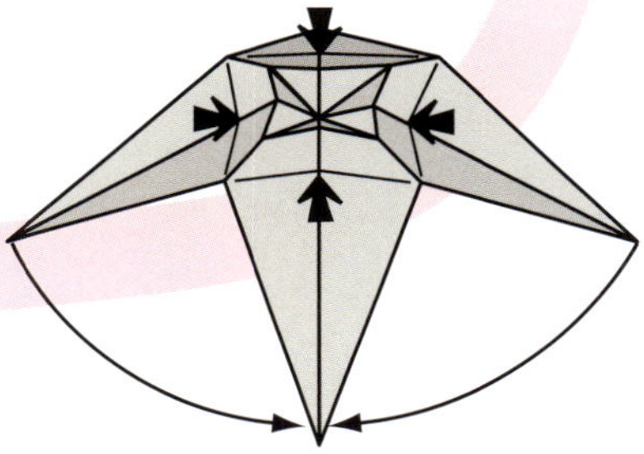

7 Das Modell wieder zusammenfalten. Die Schritte 5 bis 7 stellen das **offene Versenken** der Spitze dar.

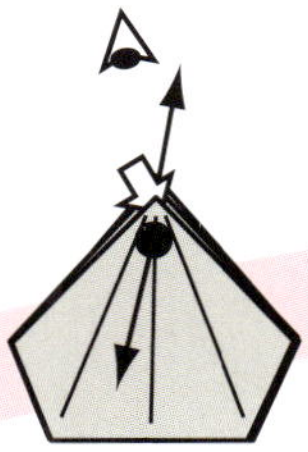

19 Das vordere und hintere Blatt auseinanderziehen. Das Modell von oben betrachten.

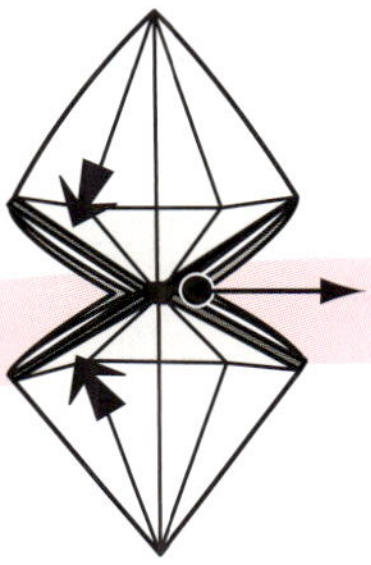

20 Das Modell auf der linken Seite zusammenhalten und das dritte Blatt nach rechts ziehen.

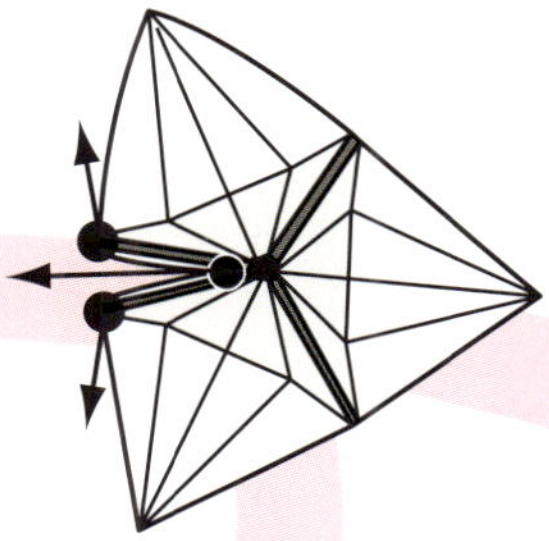

21 Auf der linken Seite vorsichtig öffnen und das vierte Blatt herausziehen.

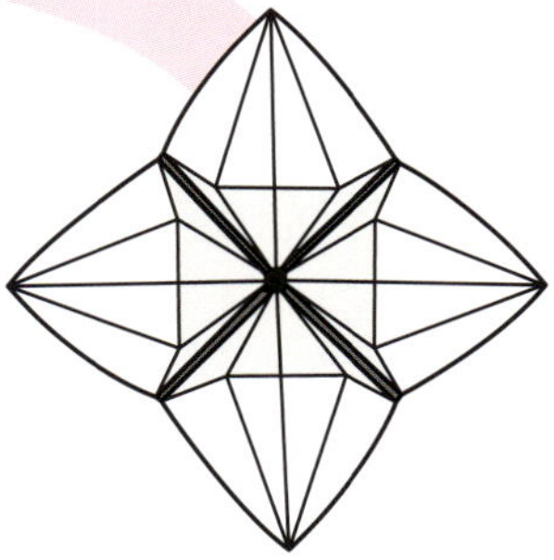

22a Fertiges Modell mit spitzen Blütenblättern.

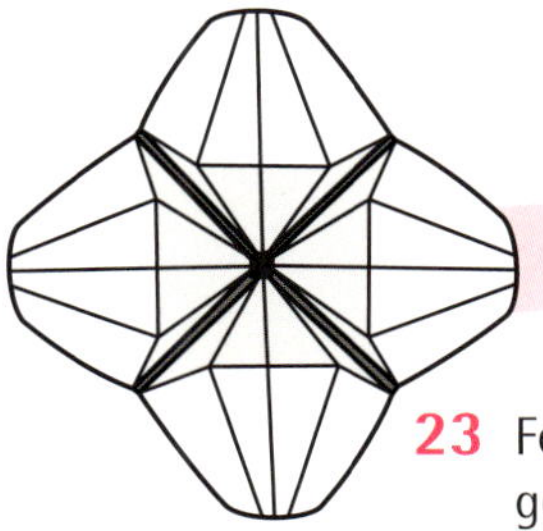

23 Fertige Blüte mit abgerundeten Blättern.

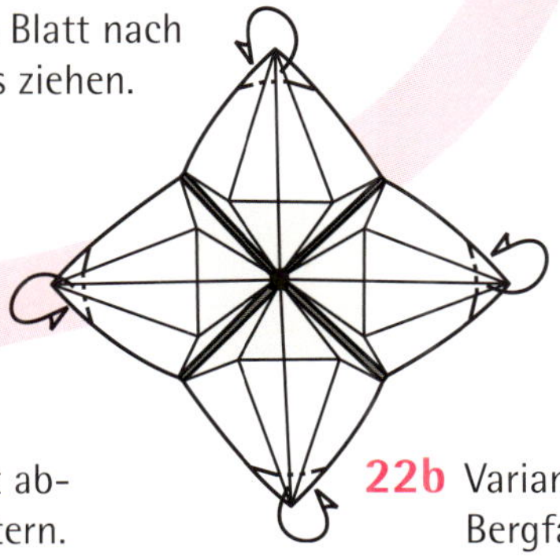

22b Variante: Die Blätter mit Bergfalten abrunden.

Einfache Blüte

Anleitung Seite 20/21

Frosch

Anleitung Seite 24/25

Frosch

Abbildung Seite 23

Traditionelles Modell

Schwierigkeitsgrad 3

Hier werden die Quetschfaltung (squash fold), die Froschgrundform (frog base) und eine andere Form der Blütenblattfaltung (petal fold) gezeigt.

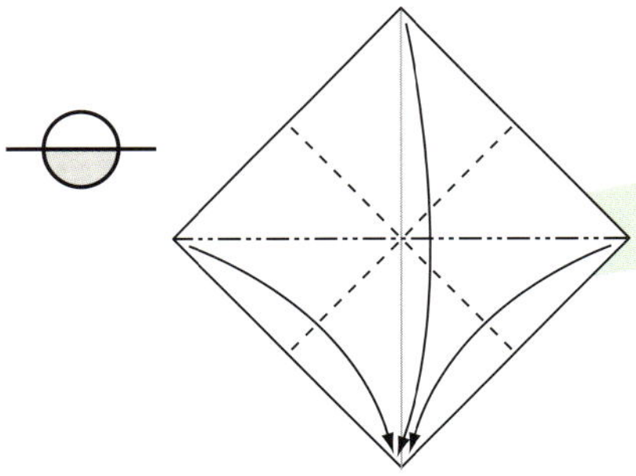

1 Ein zusammengeschobenes Quadrat falten (s. S. 17).

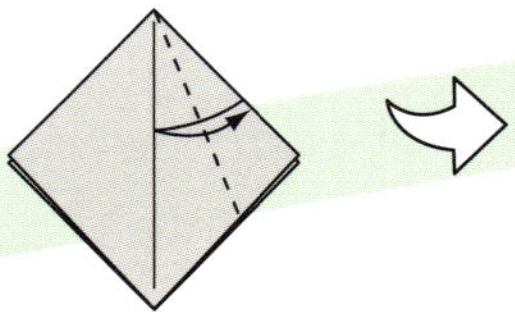

2 Die Seite zur Mitte falten und wieder entfalten.

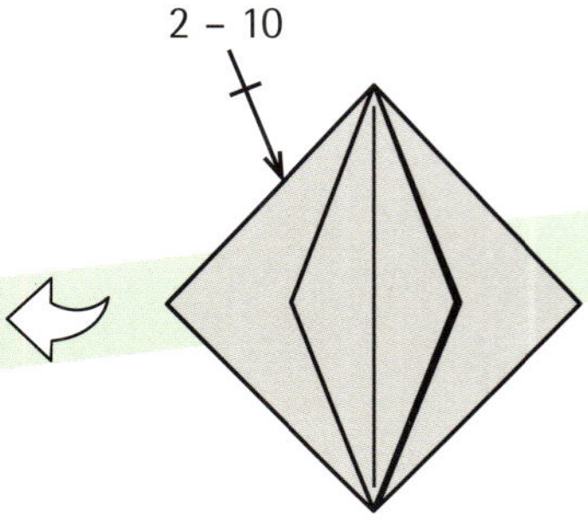

11 Schritte 2 bis 10 auf der Rückseite wiederholen.

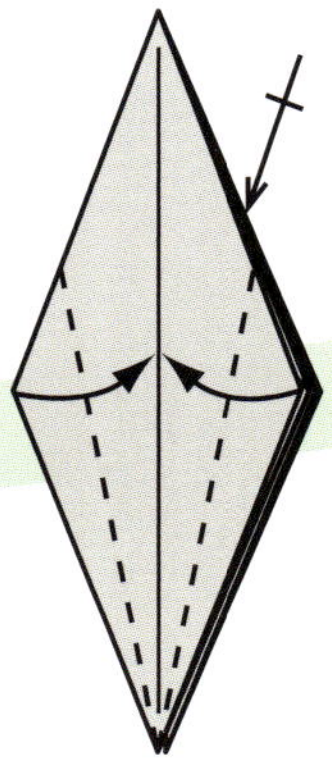

12 Das ist die **Froschgrundform**. Die Seiten zur Mitte falten. Auf der Rückseite wiederholen.

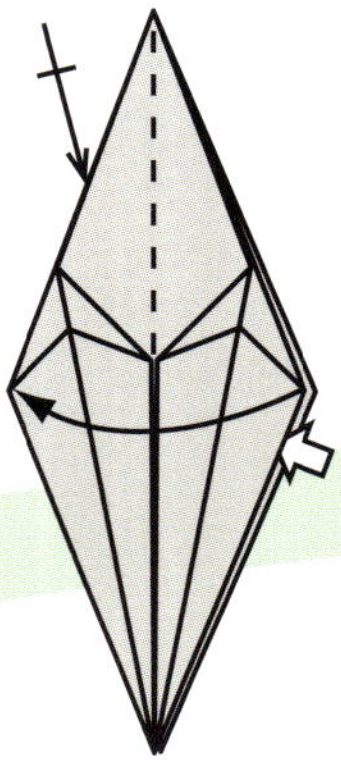

13 Eine große Lasche nach links klappen und auf der Rückseite eine Lasche gegengleich nach rechts.

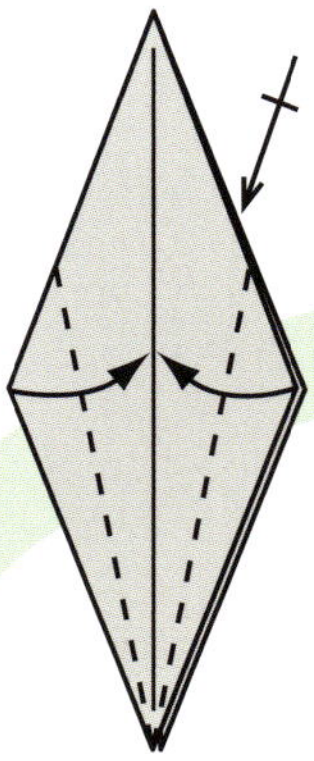

14 Auch hier die Seiten zur Mitte falten. Auf der Rückseite wiederholen.

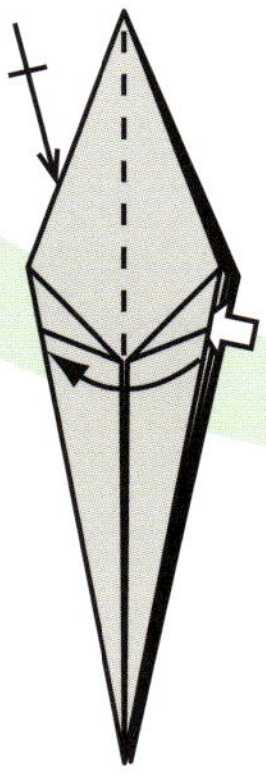

15 Eine Lasche nach links klappen und auf der Rückseite eine Lasche gegengleich nach rechts.

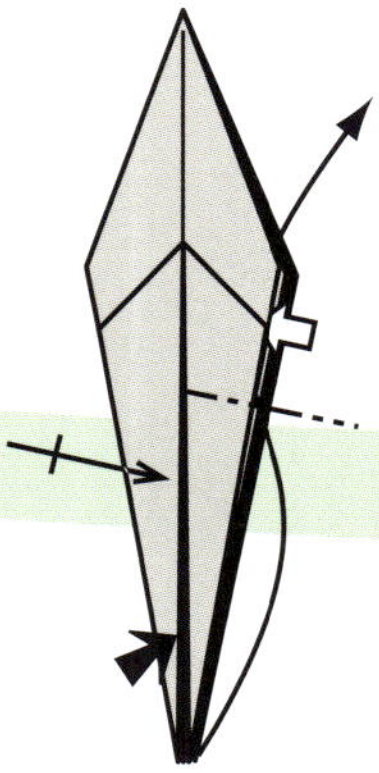

16 Die obere Spitze mit einem Gegenbruch (s. S. 12) nach vorn bringen. Mit der linken Spitze wiederholen.

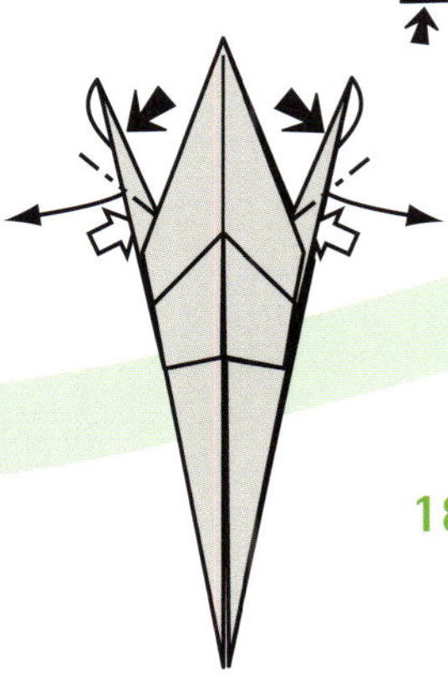

17 Die Beine mit Gegenbrüchen nach außen falten.

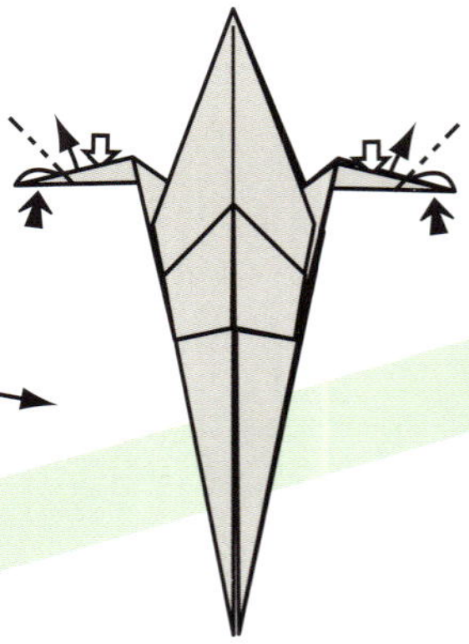

18 Die Füße mit zwei kleinen Gegenbrüchen formen.

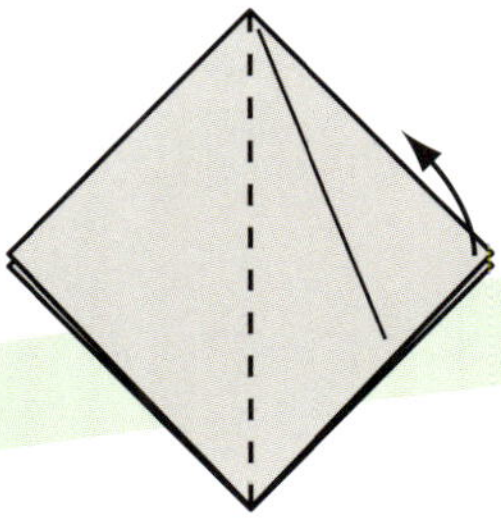

3 Die Lasche anheben.

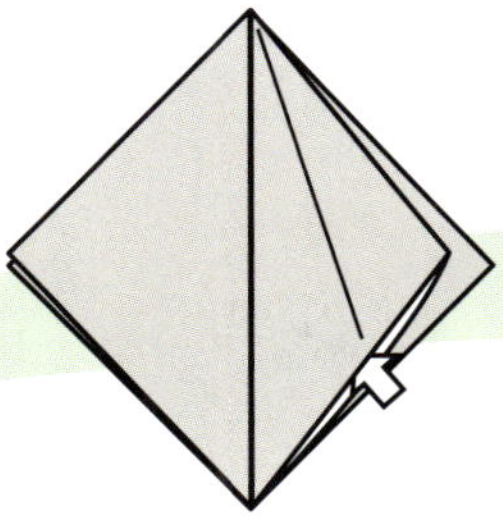

4 Zwischen den Lagen öffnen.

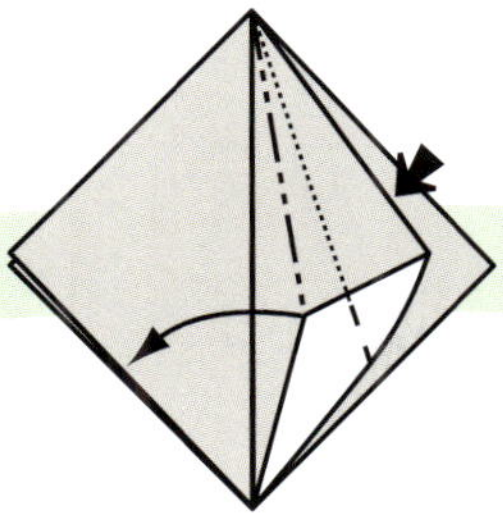

5 Mithilfe der Vorfaltungen glatt drücken.

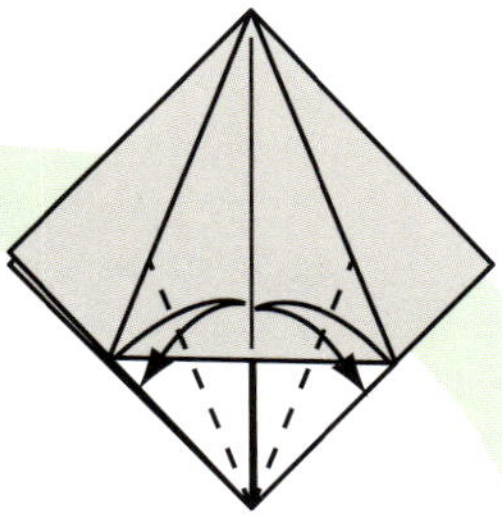

6 Schritte 2 bis 6 sind eine **Quetschfaltung**. Die Seiten zur Mitte falten und wieder entfalten.

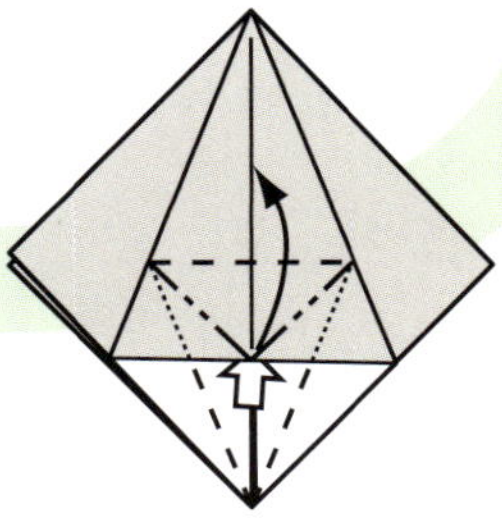

7 Eine Blüttenblattfaltung (s. S. 16) ausführen, also zuerst die oberste Lage anheben.

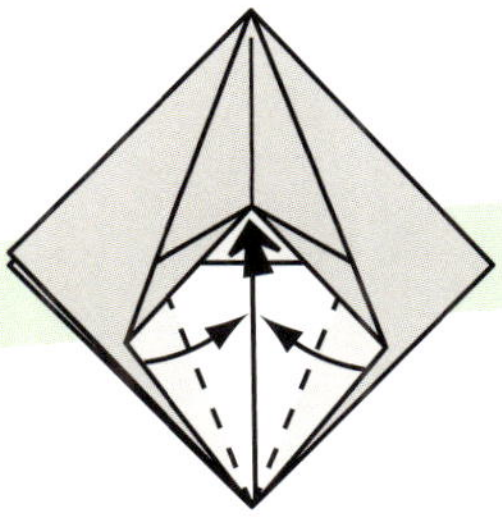

8 Die Seiten an der Vorfaltung nach innen klappen und so flach drücken, dass oben eine Spitze entsteht.

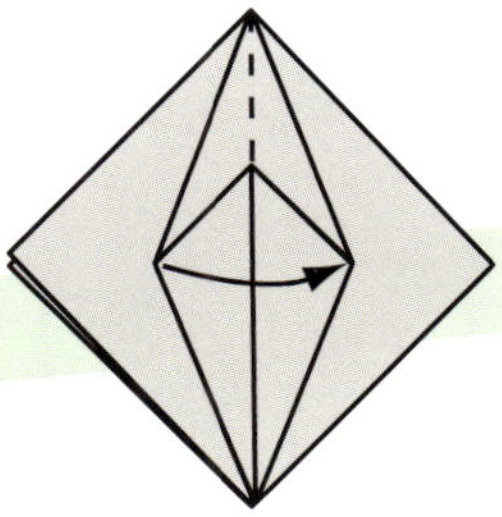

9 Ein Lage nach rechts klappen.

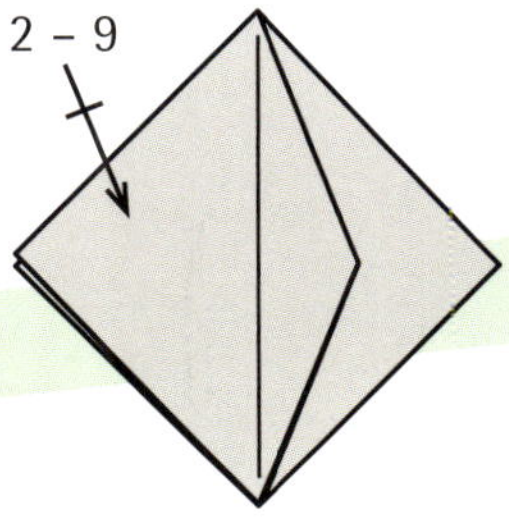

10 Schritte 2 bis 9 spiegelverkehrt auf der linken Seite wiederholen.

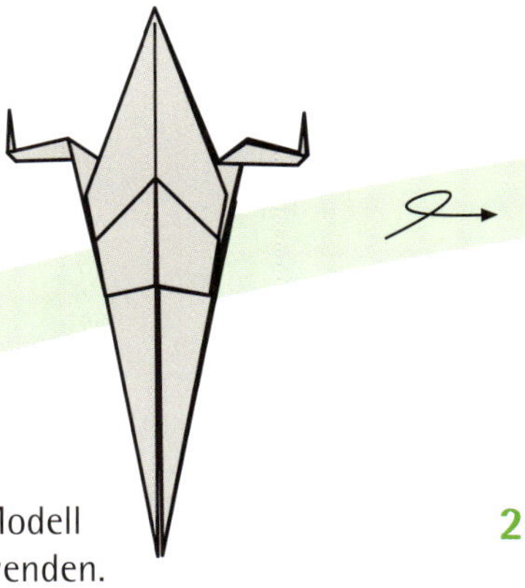

19 Modell wenden.

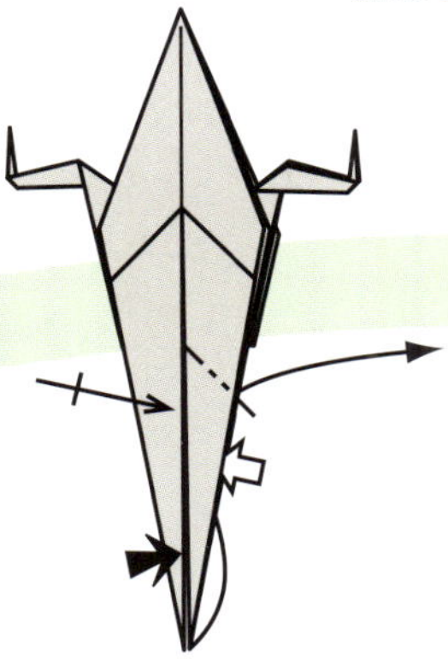

20 Die Hinterbeine mit inneren Gegenbrüchen nach außen bringen.

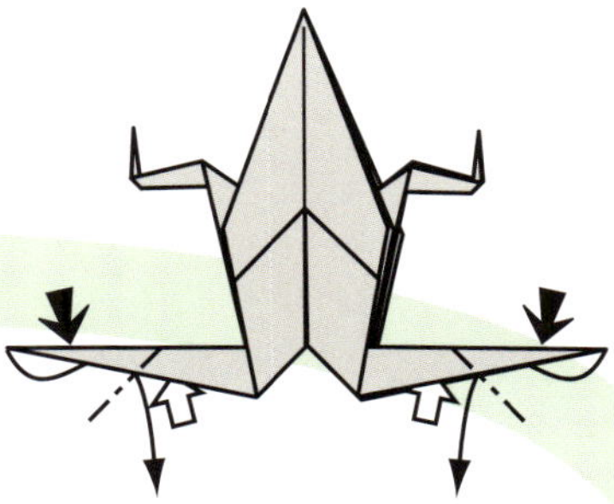

21 Die Unterschenkel mit Gegenbrüchen nach hinten falten.

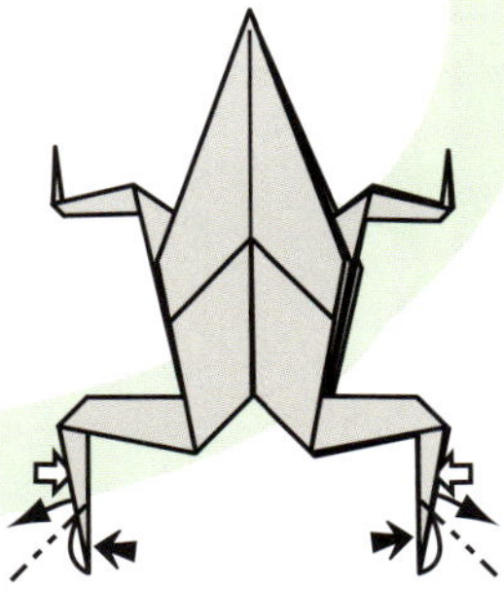

22 Mit zwei weiteren Gegenbrüchen die Füße formen.

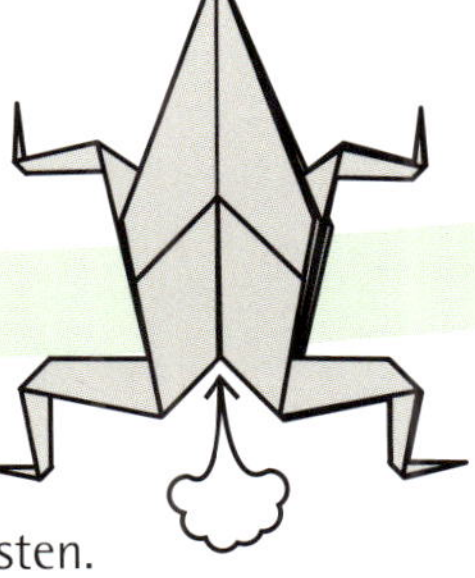

23 Den Frosch kräftig aufpusten.

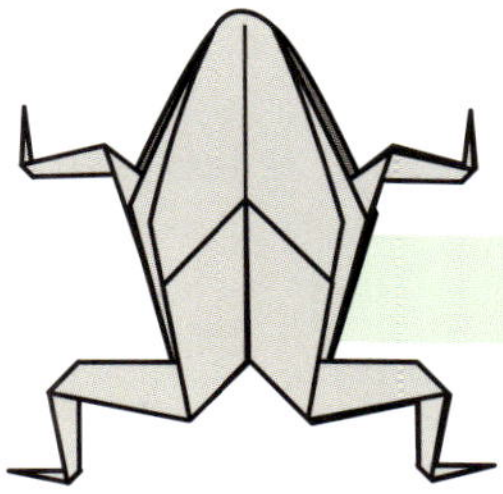

24 Fertiger Frosch.

Hühnchen

Abbildung Seite 28

Autor: Gerwin Sturm

Schwierigkeitsgrad 3

Dieses Modell verwendet eine Variante der Vogelgrundform von Seite 16.

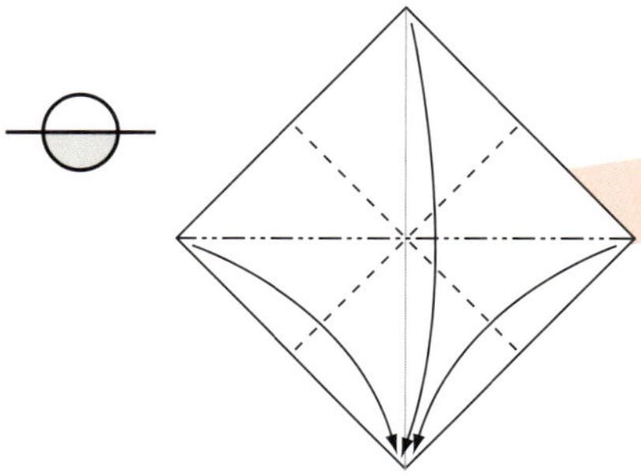

1 Ein zusammengeschobenes Quadrat falten (s. S. 17).

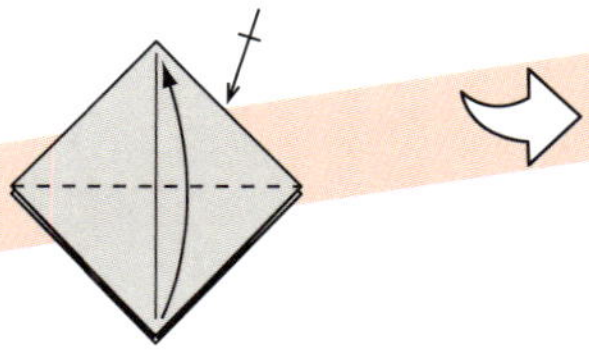

2 Eine Lage nach oben falten. Auf der Rückseite wiederholen.

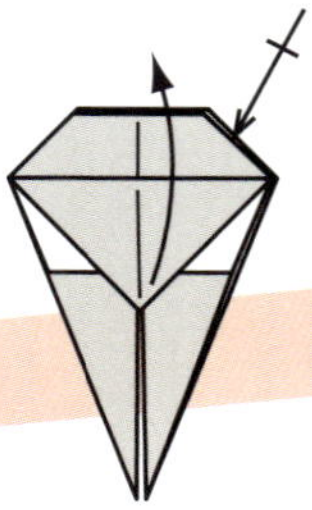

11 Den Flügel wieder nach oben falten. Auf der Rückseite wiederholen.

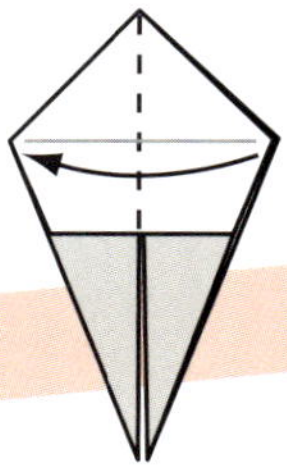

12 Eine Lasche nach links klappen.

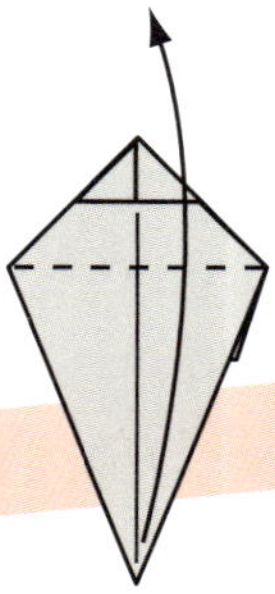

13 Die Spitze nach oben falten.

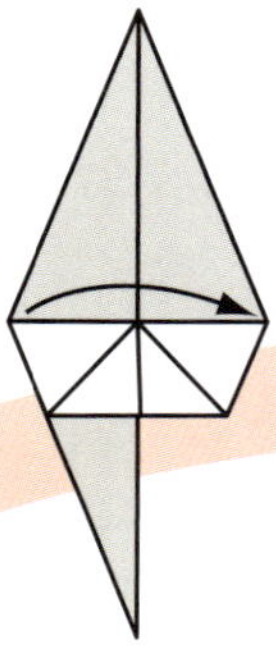

14 Die Lasche wieder zurückklappen.

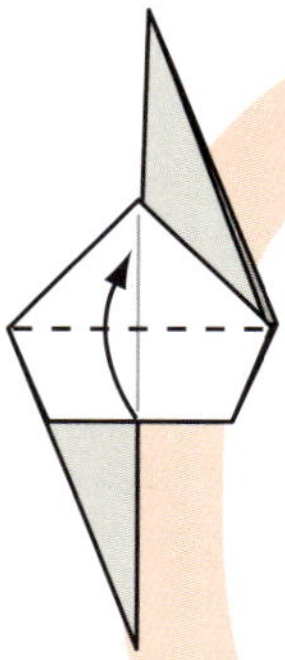

15 Ein Lasche nach oben falten.

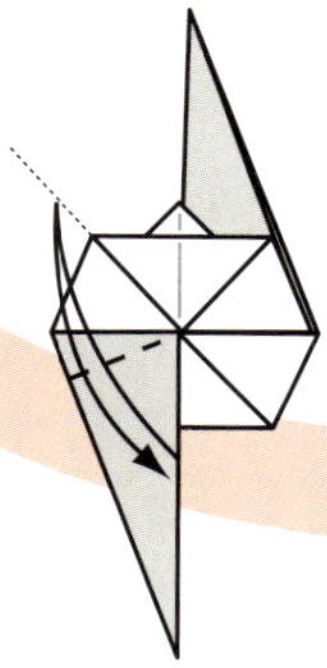

16 Die Spitze so nach oben falten, dass sie auf der gezeigten Linie liegt, und wieder entfalten.

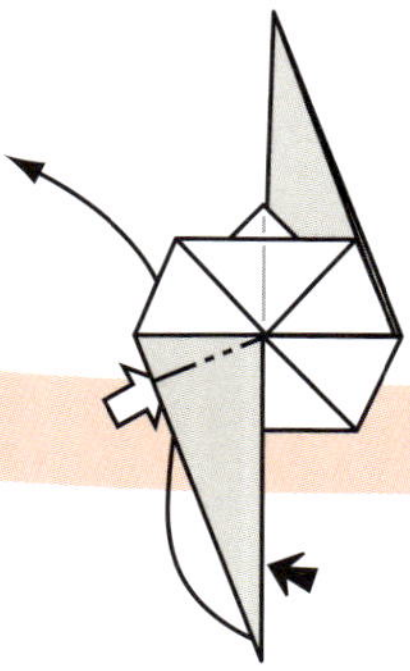

17 Entlang der Vorfaltung einen inneren Gegenbruch (s. S. 12) ausführen.

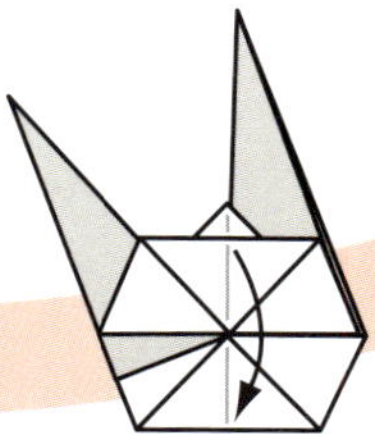

18 Die Lasche wieder nach unten klappen.

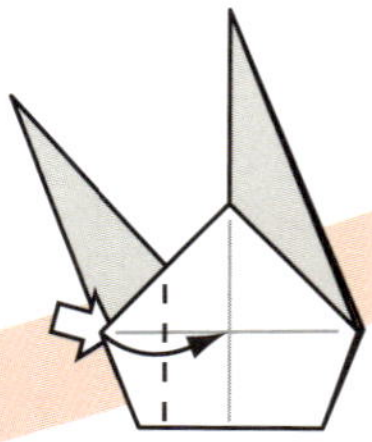

19 Den Punkt anheben und zur Mitte falten. Dabei hebt sich ein Teil des Schwanzes.

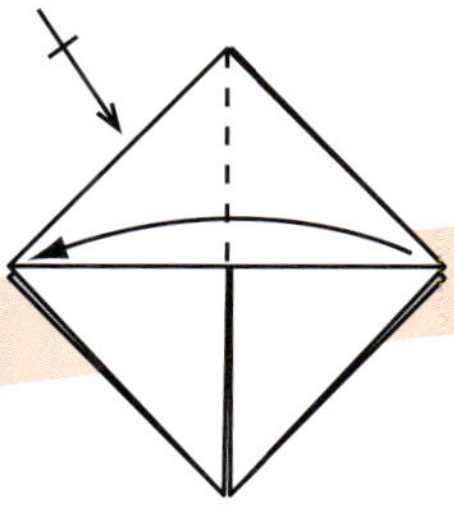

3 Eine Lasche nach links und auf der Rückseite eine Lasche gegengleich nach rechts klappen.

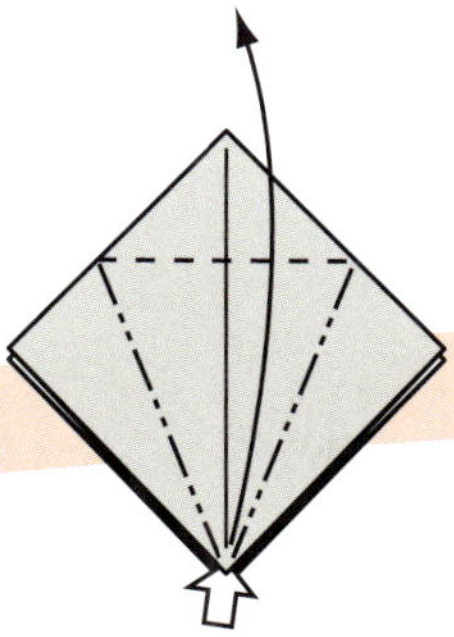

4 Blütenblattfaltung (s. S. 16) ausführen.

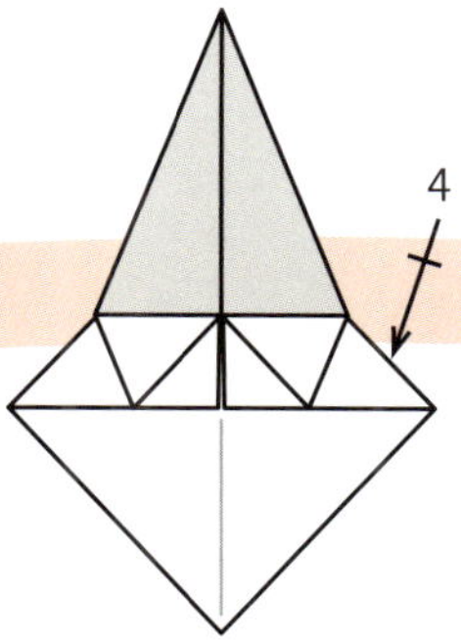

5 Schritt 4 auf der Rückseite wiederholen.

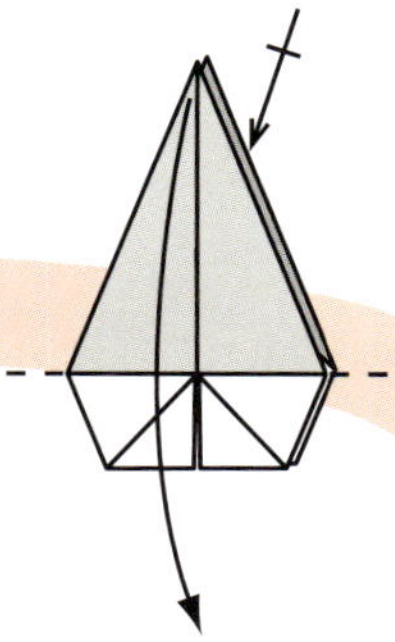

6 Die Spitze nach unten falten. Auf der Rückseite wiederholen.

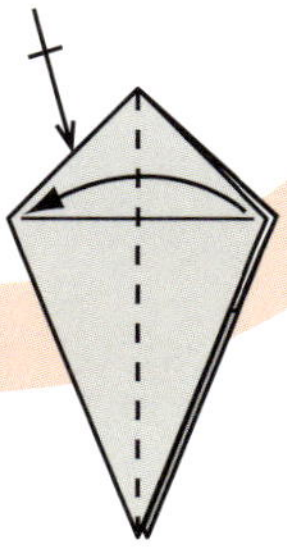

7 Eine Lasche nach links und auf der Rückseite eine Lasche gegengleich nach rechts klappen.

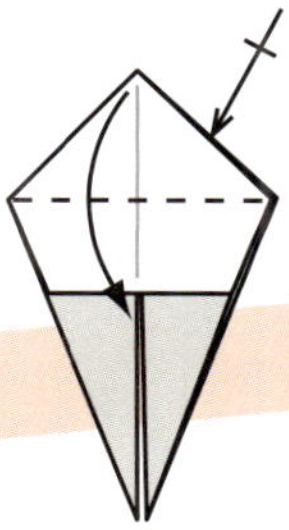

8 Ein Lage nach unten falten. Auf der Rückseite wiederholen.

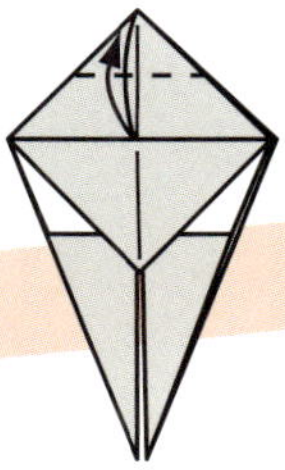

9 Die Spitze zur Kante falten und wieder entfalten.

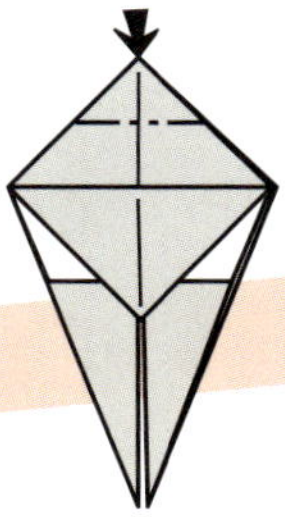

10 Die Spitze entlang der Vorfaltung offen versenken (s. S. 21).

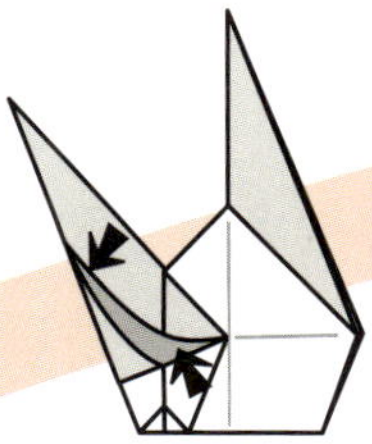

20 Das Modell von der Mitte weg nach außen hin glatt drücken.

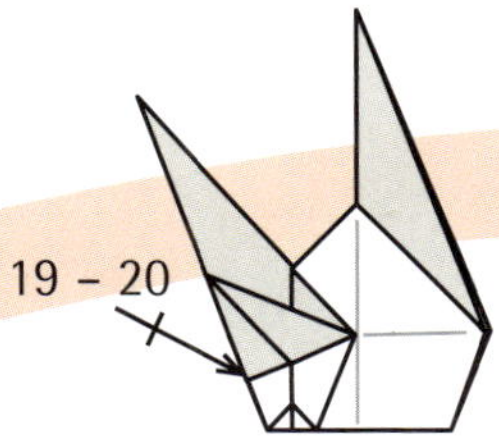

21 Schritte 19 bis 20 auf der Rückseite wiederholen.

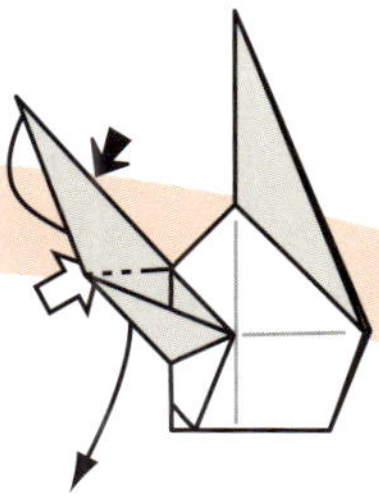

22 Den Schwanz mit einem inneren Gegenbruch nach unten bringen.

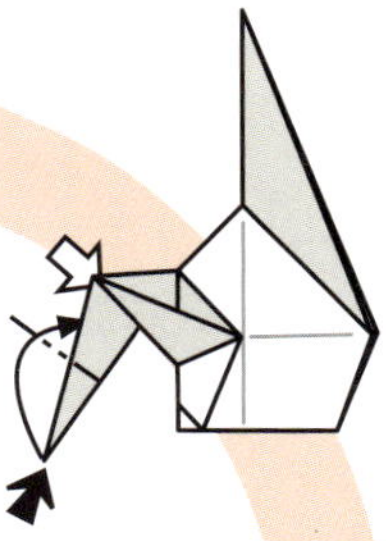

23 Die Spitze nach innen falten.

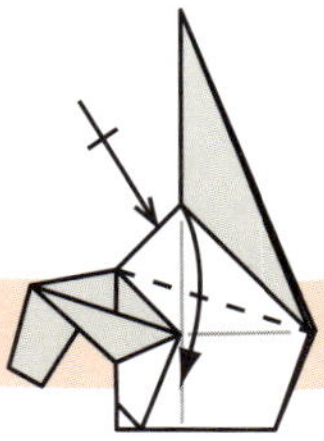

24 Den Flügel nach unten falten. Auf der Rückseite wiederholen.

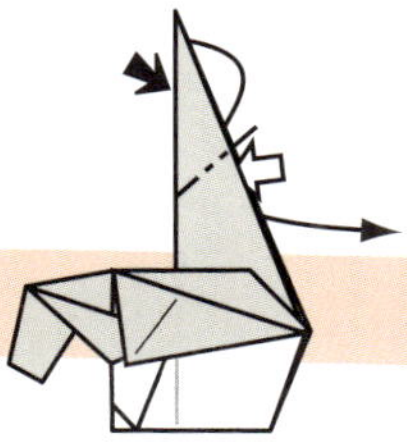

25 Den Kopf mit einem inneren Gegenbruch formen.

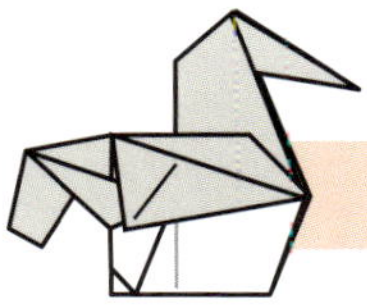

26 Fertiges Hühnchen.

Hühnchen

Anleitung Seite 26/27

Hamster

Anleitung Seite 30/31

Hamster

Abbildung Seite 29

Autor: Gerwin Sturm

Schwierigkeitsgrad 2

Auch allein mit Talfalten lassen sich interessante Modelle herstellen, so wie dieser Hamster. Sehr gut geeignet ist ein einfarbiges Papier, zum Beispiel Strohseide.

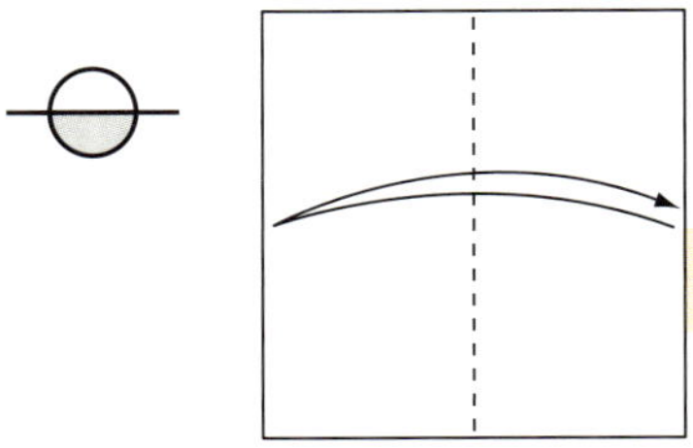

1 In der Mitte falten und wieder entfalten.

2 Das Blatt wenden.

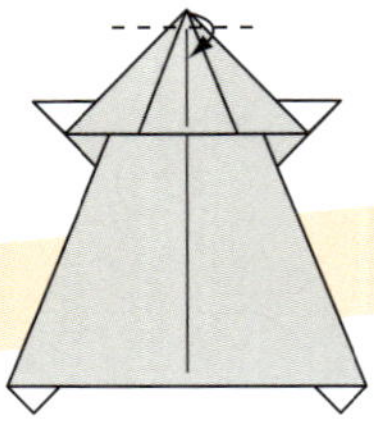

11 Die Nase etwas nach unten falten.

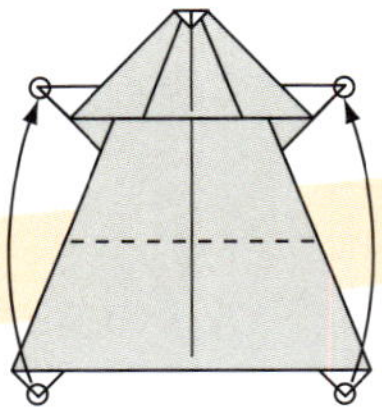

12 So nach oben falten, dass die gezeigten Punkte aufeinandertreffen.

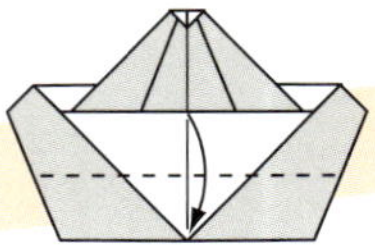

13 Die obere Kante auf die untere Kante falten.

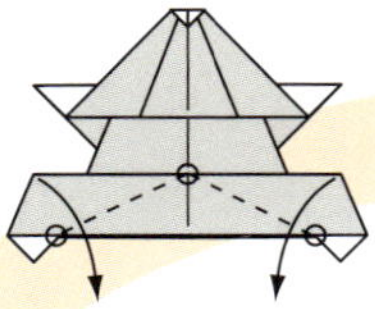

14 Die Ecken wie gezeigt nach unten falten.

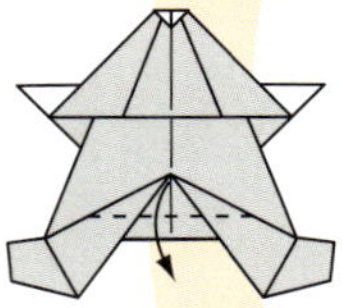

15 Den Schwanz nach unten falten, sodass er etwas herausragt.

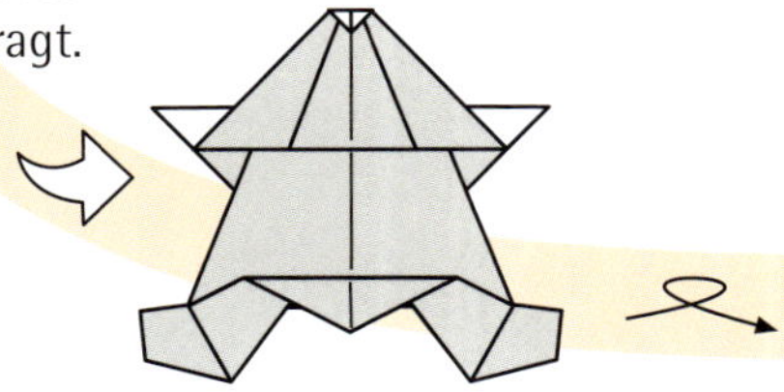

16 Das Modell wenden.

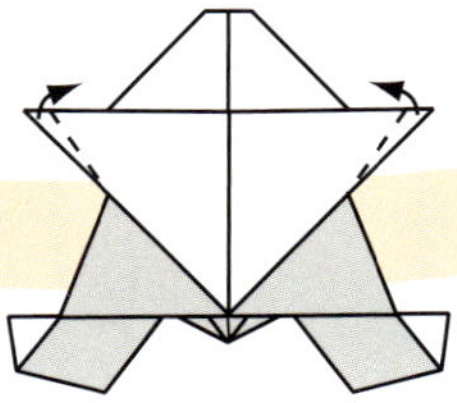

17 Die Vorderfüße etwas nach innen falten.

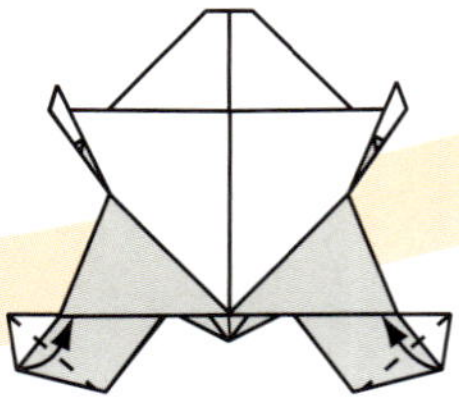

18 Die Ecke auf die Kante falten.

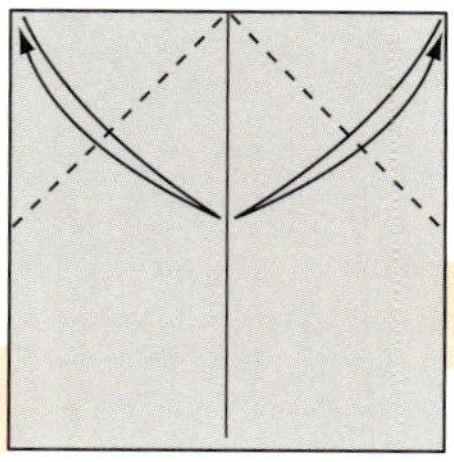

3 Die Ecken zur Mitte falten und wieder entfalten.

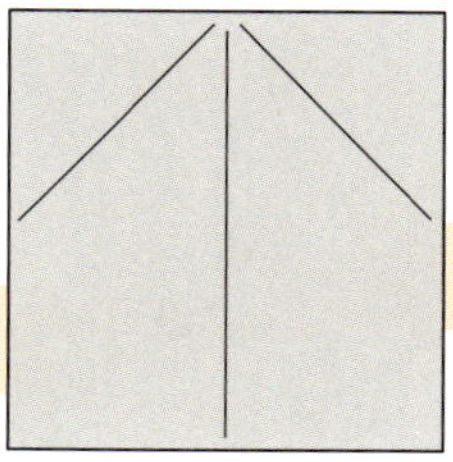

4 Das Blatt wenden.

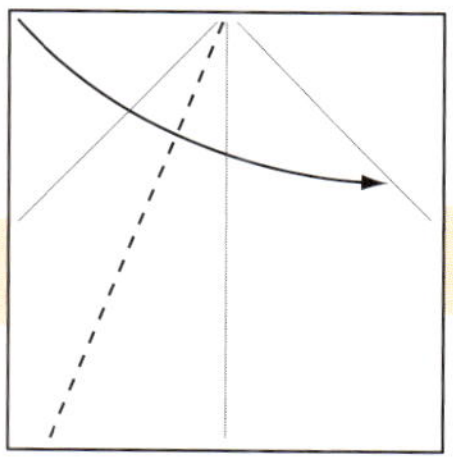

5 Die Ecke zur Vorfalte falten.

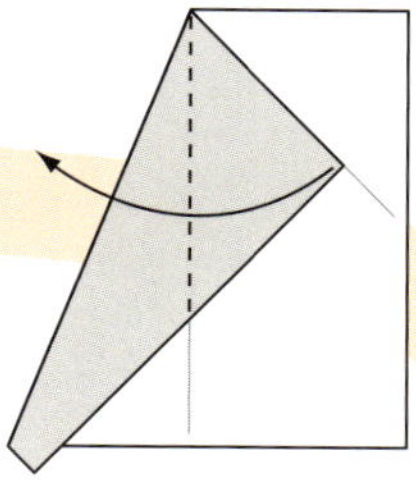

6 Die Ecke entlang der Vorfaltung nach links falten.

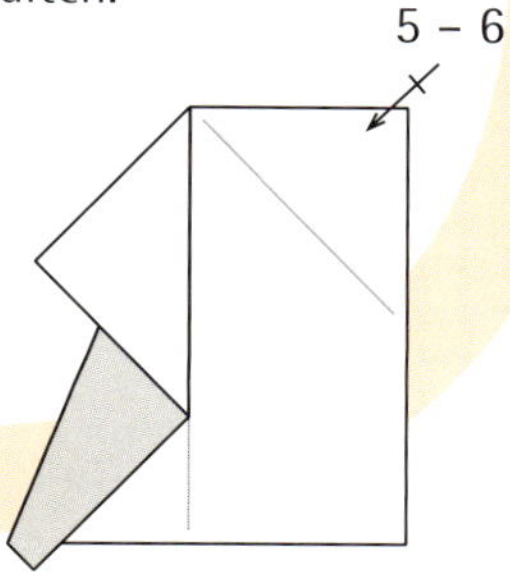

7 Schritte 5 bis 6 auf der rechten Seite spiegelverkehrt wiederholen.

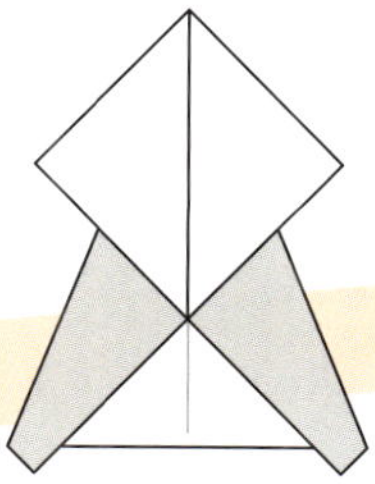

8 Das Modell wenden.

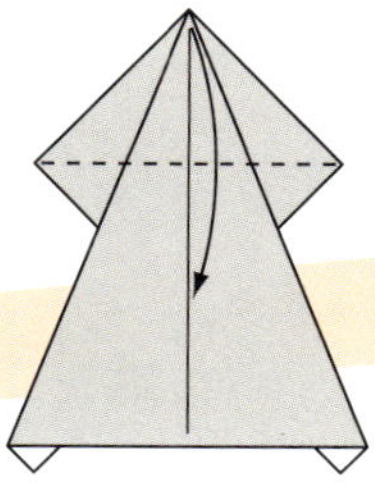

9 Die Spitze nach unten falten.

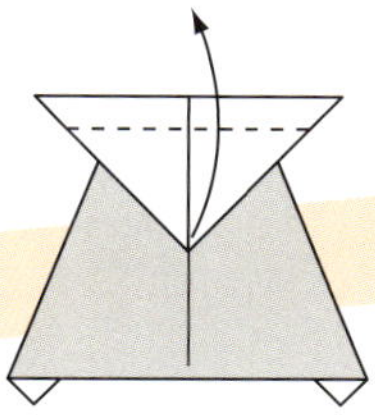

10 Die Spitze zurück nach oben falten.

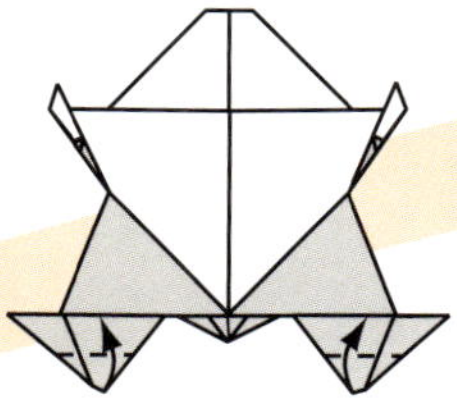

19 Die Hinterbeine wie gezeigt falten.

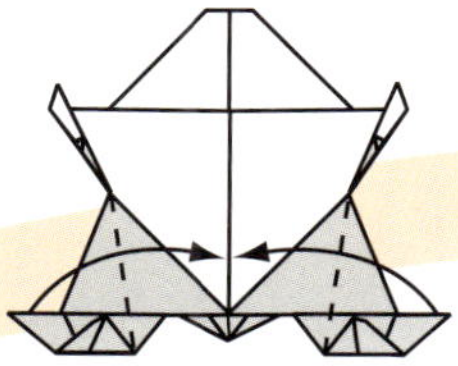

20 Die Füße nach innen falten.

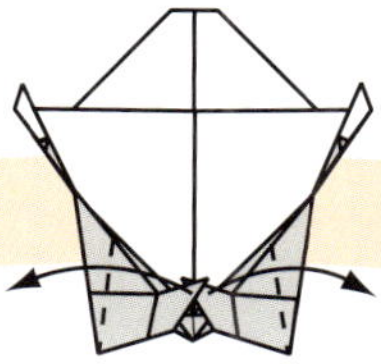

21 Die Füße zurück nach außen falten.

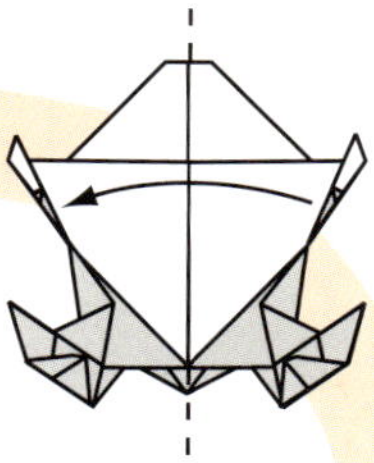

22 Das Modell in der Mitte falten. Achtung: Das Papier kann beim Kopf sehr leicht reißen.

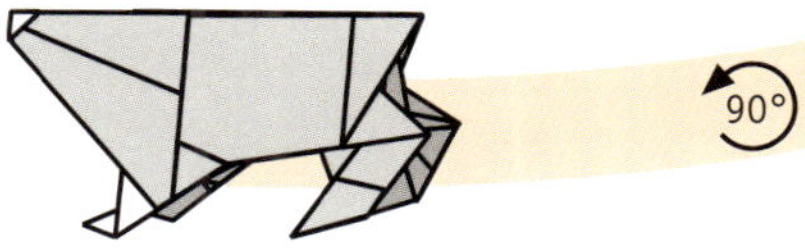

23 Fertiger Hamster.

Seepferdchen

Autor: Gerwin Sturm

Schwierigkeitsgrad 4

Das Seepferdchen veranschaulicht den äußeren Gegenbruch (outside reverse fold) und verschiedene Zickzack-Faltungen (crimp fold). Am besten faltet man das Seepferdchen mit Papier, das auf beiden Seiten dieselbe Farbe hat, da sonst der Kopf in der zweiten Farbe erscheint.

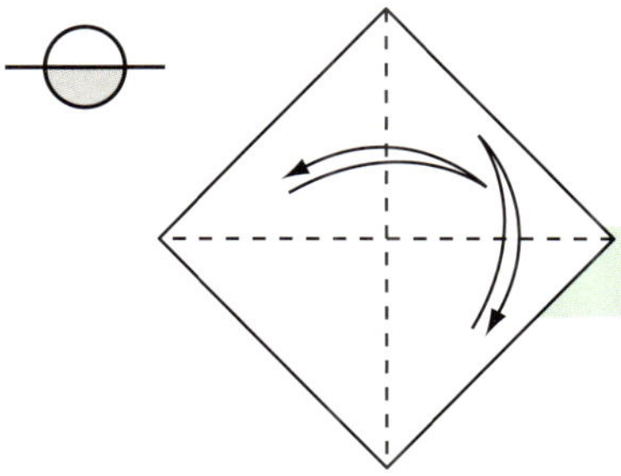

1 Die Diagonalen falten und entfalten.

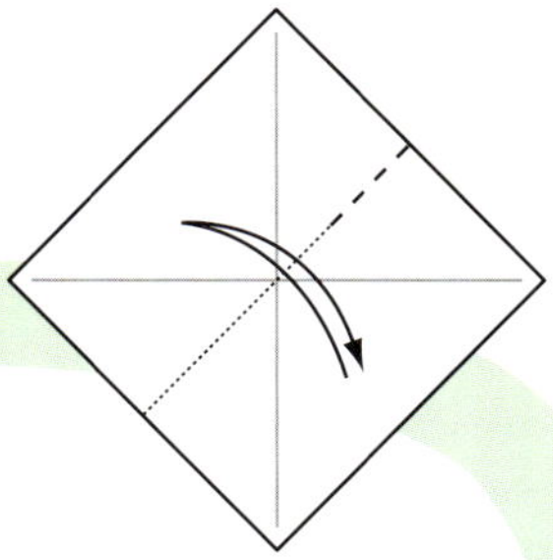

2 In der Mitte falten und entfalten, aber die Faltung nur an der oberen Kante fest mit dem Fingernagel nachziehen.

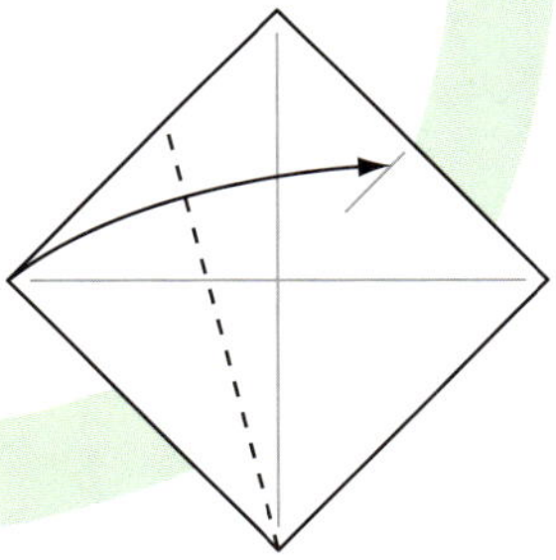

3 Die Ecke so falten, dass sie auf der Markierung zu liegen kommt.

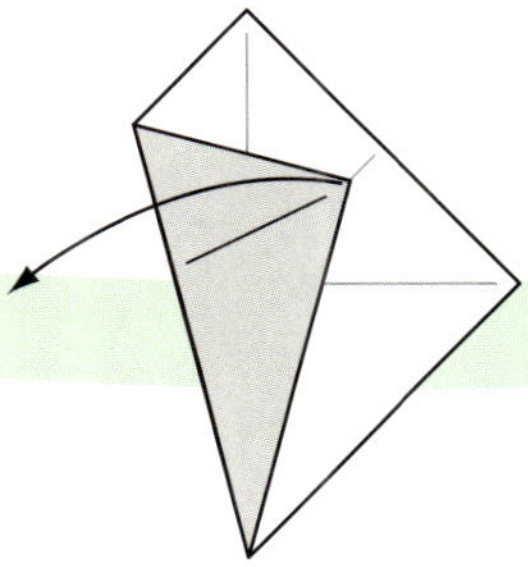

4 Wieder entfalten.

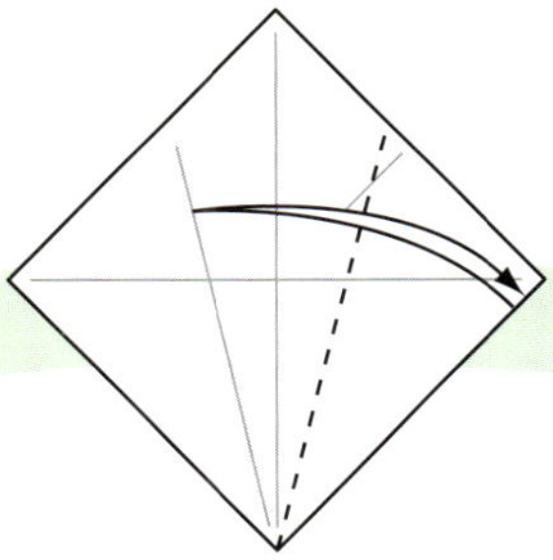

5 Die rechte Kante zur Vorfaltung falten und entfalten.

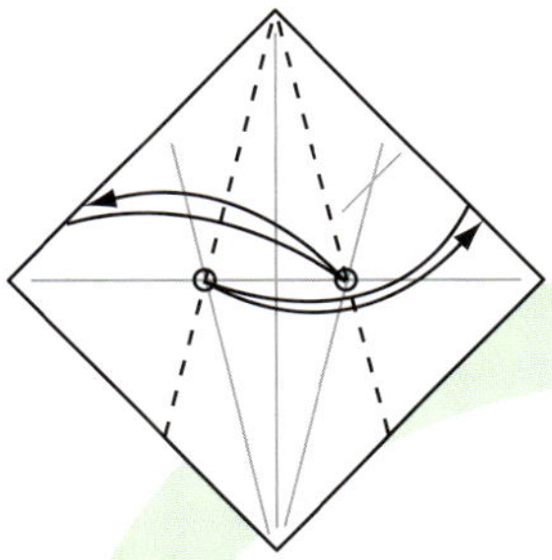

6 Die beiden oberen Kanten so falten, dass sie durch die gezeigten Punkte gehen, und wieder entfalten.

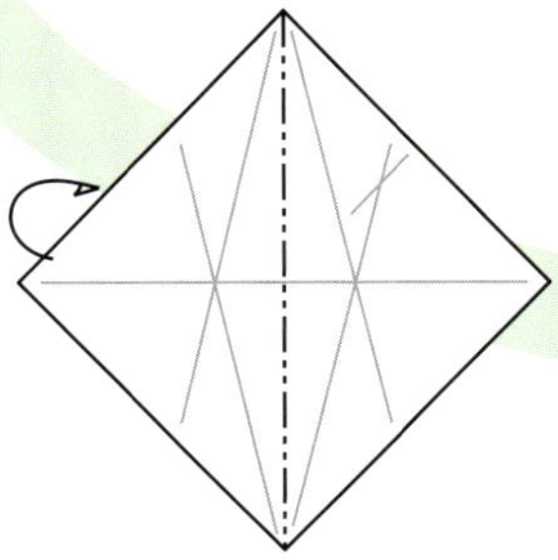

7 Mit einer Bergfalte in der Mitte falten.

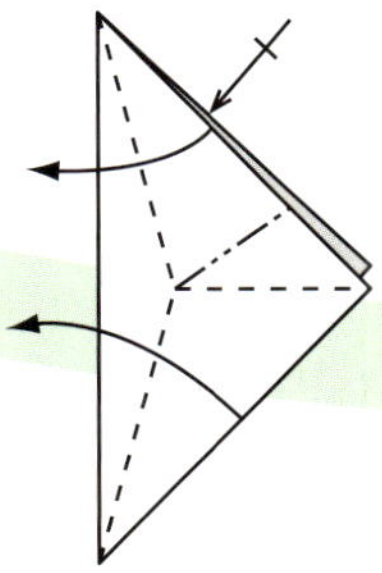

8 Mit den Vorfaltungen ein Hasenohr (s. S. 13) ausführen. Auf der Rückseite wiederholen.

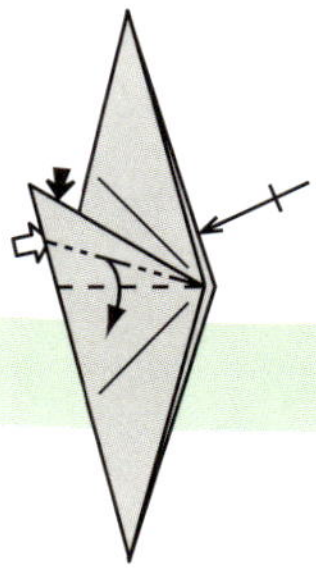

9 Die Lasche öffnen und flach drücken (Quetschfaltung, s. S. 25). Auf der Rückseite wiederholen.

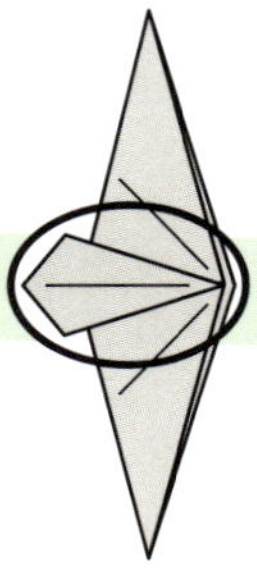

10 Die nächsten Schritte konzentrieren sich auf die Flosse.

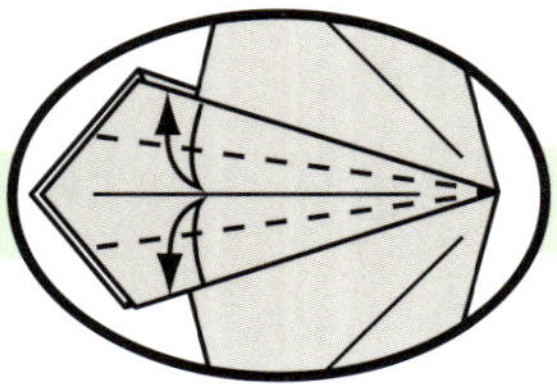

11 Die Seiten zur Mitte falten und entfalten.

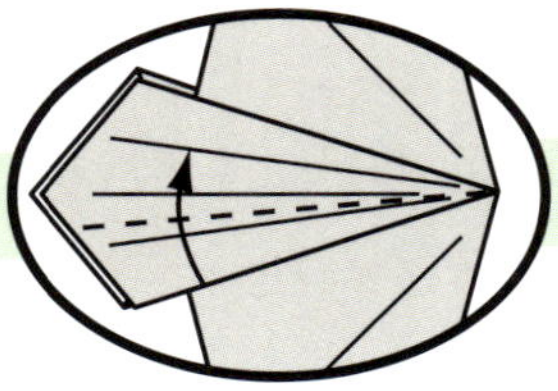

12 Die Seite zur Vorfaltung falten.

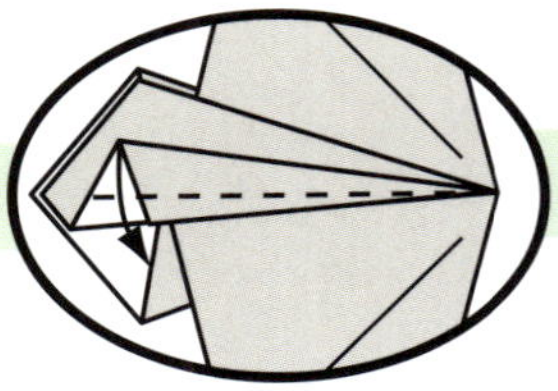

13 An der Vorfaltung zurückfalten.

21 Die Spitze nach unten klappen und das Modell glätten. Das ist ein **äußerer Gegenbruch**.

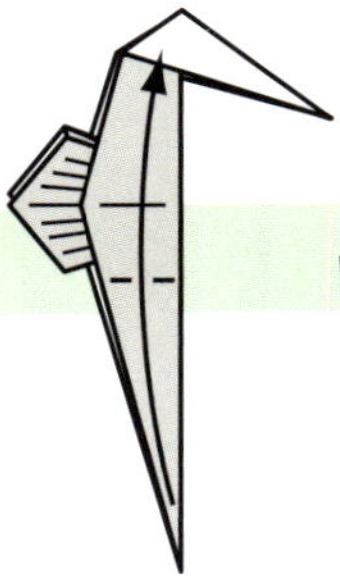

22 Die Spitze nach oben falten.

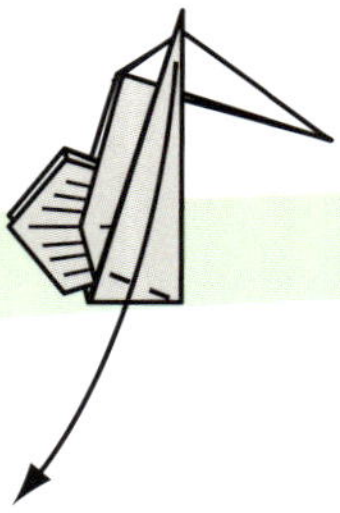

23 Die Spitze wie gezeigt nach unten falten.

24 Wieder entfalten.

25 Das Modell von hinten öffnen und die Spitze nach hinten kippen.

26 Das Modell mithilfe der Vorfaltungen wieder schließen. Das ist eine **offene Zickzack-Faltung**, d. h. die Spitze wird in Richtung der Öffnung gekippt.

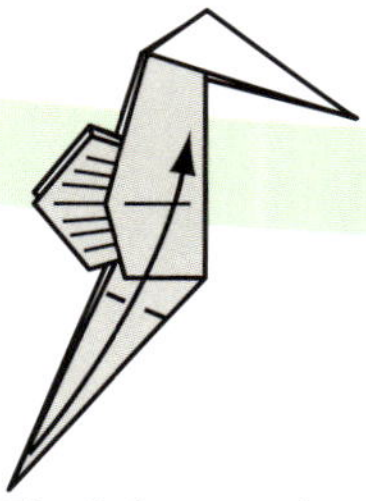

27 Die Spitze nach oben falten.

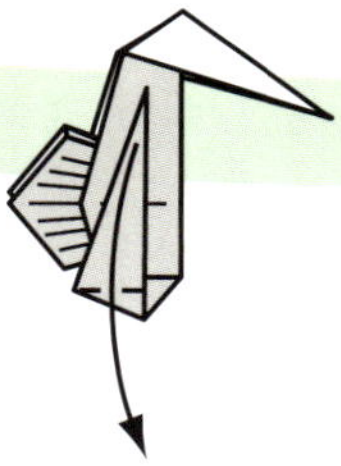

28 Die Spitze wie gezeigt nach unten falten.

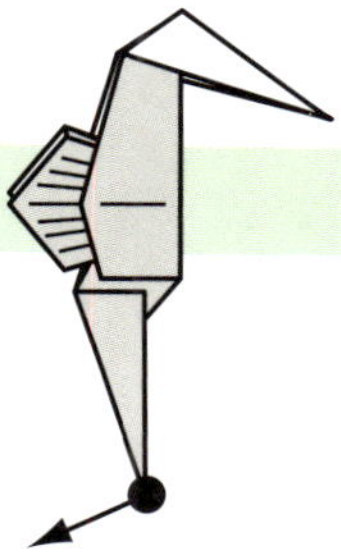

29 Wieder entfalten.

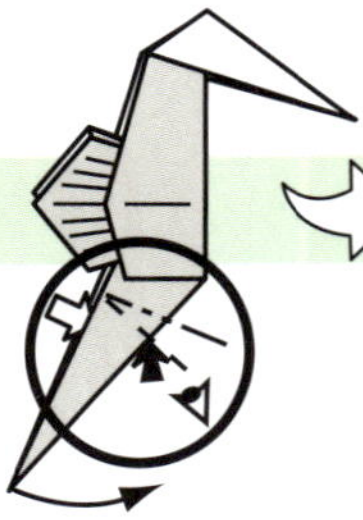

30 Das Modell von hinten öffnen und die Spitze nach vorn kippen.

41 Die Nase in Form drücken.

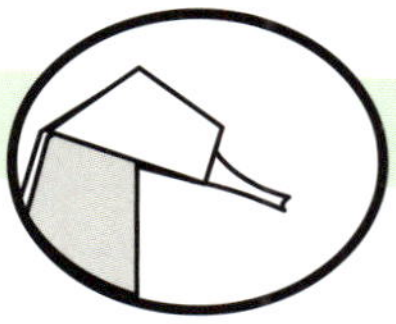

42 Der fertige Kopf.

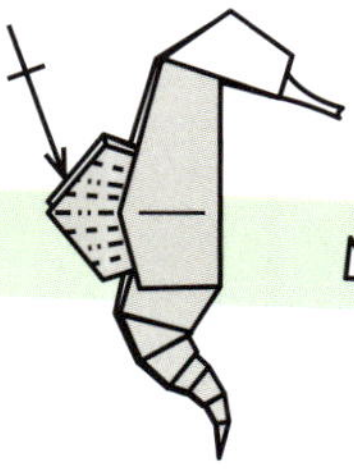

43 Die Rückenflosse mithilfe der Vorfaltungen wellig formen. Auf der Rückseite wiederholen.

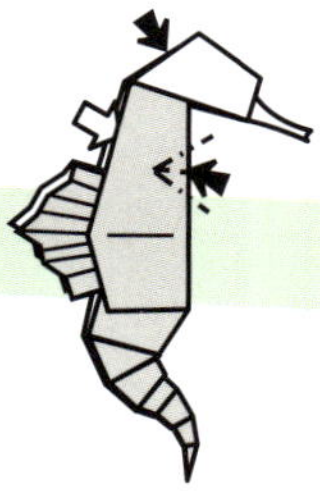

44 Die Brust leicht eindrücken und den Kopf nach unten beugen.

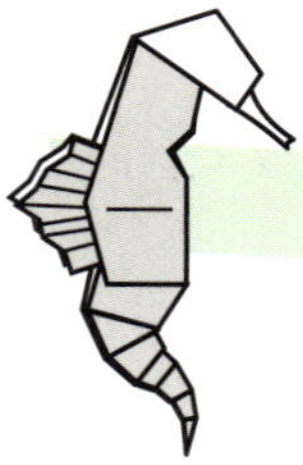

45 Fertiges Seepferdchen.

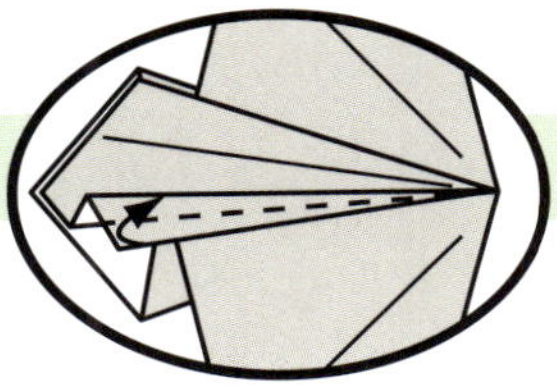

14 Die Seite zur Mitte falten.

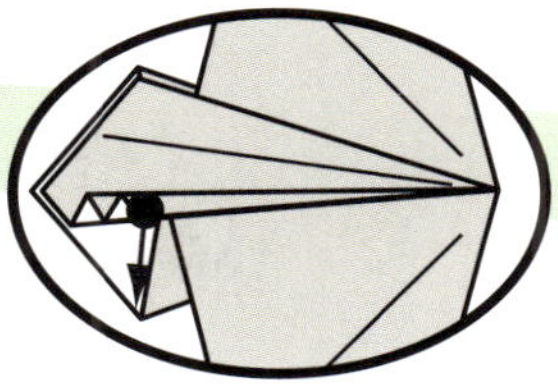

15 Entfalten.

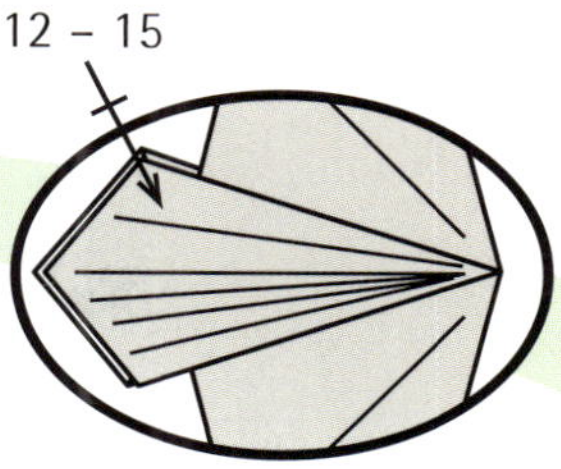

16 Schritte 12 bis 15 an der Oberseite wiederholen.

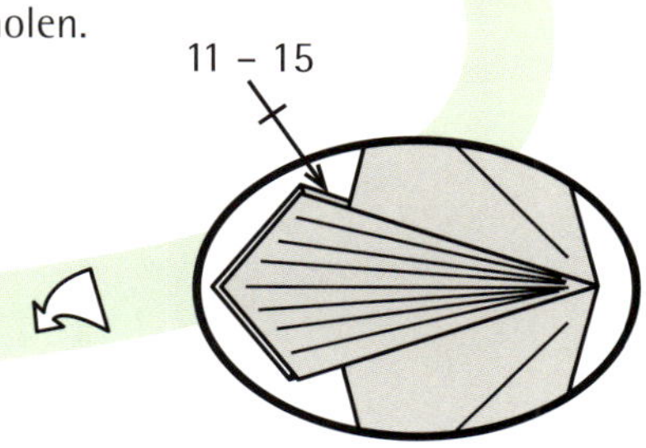

17 Schritte 11 bis 15 auf der Rückseite wiederholen.

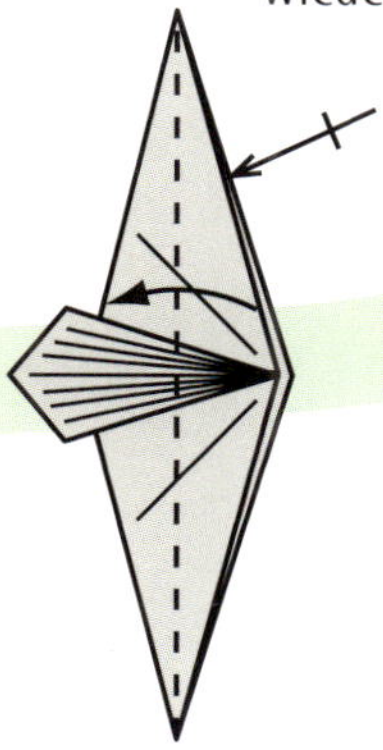

18 Eine Lage nach links falten. Auf der Rückseite spiegelverkehrt wiederholen.

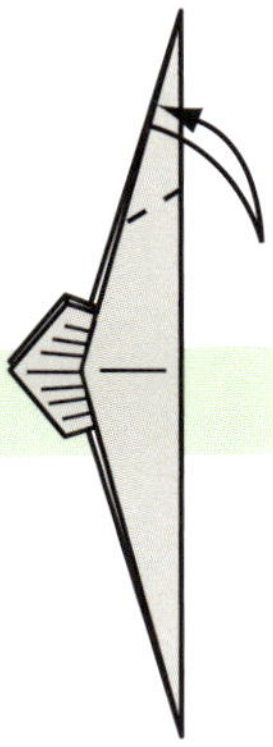

19 Den Kopf in die gewünschte Position falten und wieder entfalten.

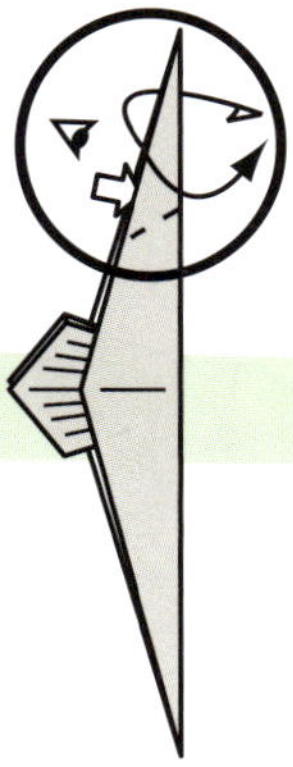

20 Das Modell von hinten öffnen und an der Vorfaltung die vorderen Lagen nach vorn und die hinteren Lagen nach hinten falten.

31 Das Modell mithilfe der Vorfaltungen wieder schließen. Das ist eine **geschlossene Zickzack-Faltung**, d. h. die Spitze wird in Richtung der geschlossenen Kante gekippt.

32 Ergebnis von Schritt 31.

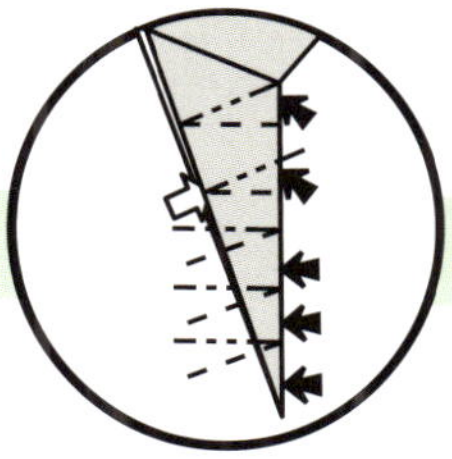

33 Durch mehrere offene und geschlossene Zickzack-Faltungen kann der Schwanz beliebig gekrümmt werden.

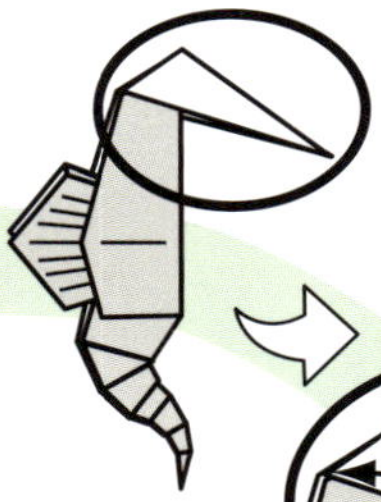

34 Nun den Kopf formen.

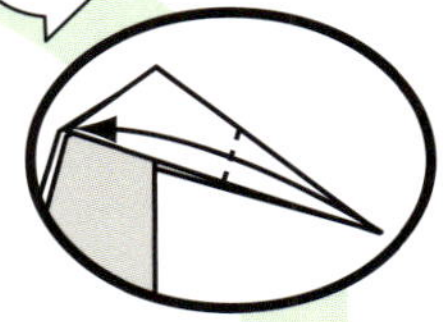

35 Die Spitze zur Ecke falten.

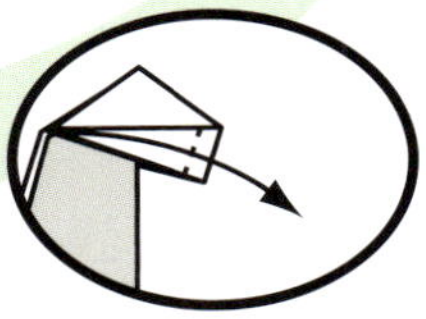

36 Die Spitze nach rechts falten.

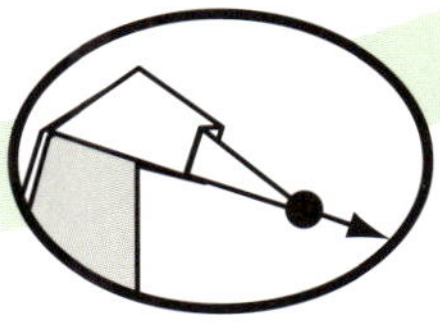

37 Wieder entfalten.

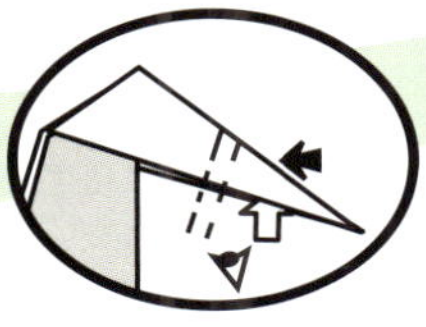

38 Den Kopf von unten öffnen und die Spitze mithilfe der Vorfaltungen nach innen schieben.

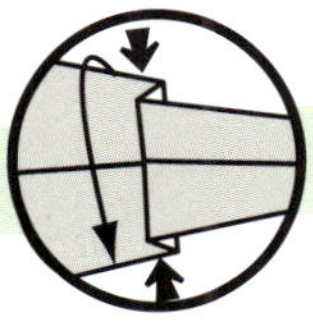

39 Das Modell schließen. Das ist eine **parallele Zickzack-Faltung**, die Richtung der Spitze hat sich nicht geändert.

40 Die Nase mit einem Gegenbruch nach innen falten.

Diamantrose

Autor: Gerwin Sturm

Schwierigkeitsgrad 3

Dieses Modell zeigt eine Abwandlung der Wasserbombengrundform von Seite 14. Die Rose kann auch als Kreisel verwendet werden: Wenn man sie etwas aufdreht, damit sie flacher wird, auf eine glatte Oberfläche legt und dann von oben mit einem leichten, konstanten Luftstrom anbläst, fängt sie an, sich schnell zu drehen.

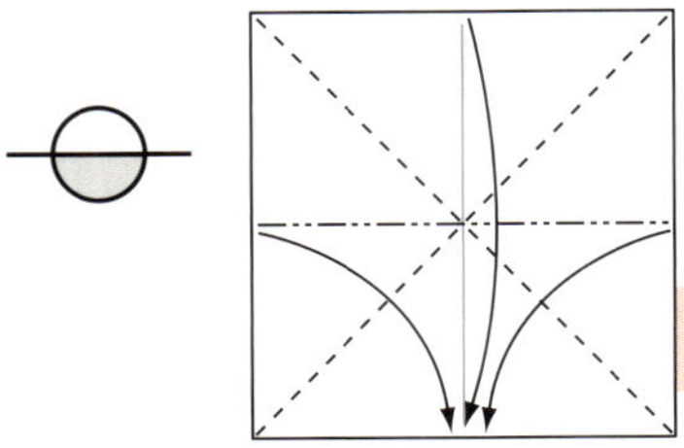

1 Eine Wasserbombengrundform falten (s. S. 14).

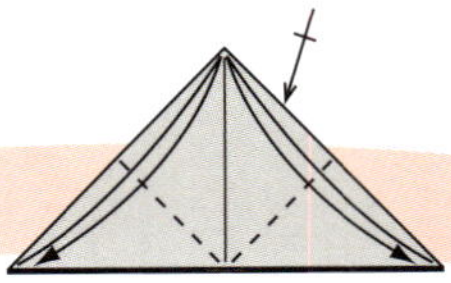

2 Die Ecken nach oben zur Mitte falten und entfalten. Auf der Rückseite wiederholen.

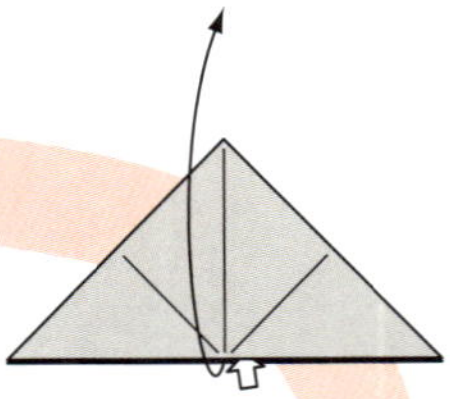

3 Komplett entfalten.

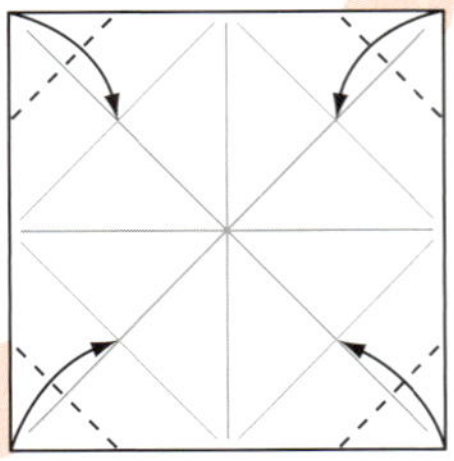

4 Die Ecken zu den Markierungen falten.

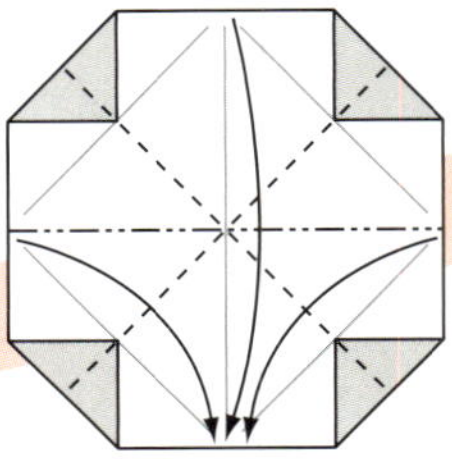

5 Die Wasserbombengrundform wieder formen.

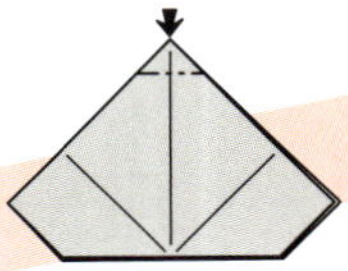

6 Die Spitze ein kleines Stück offen versenken (s. S. 21).

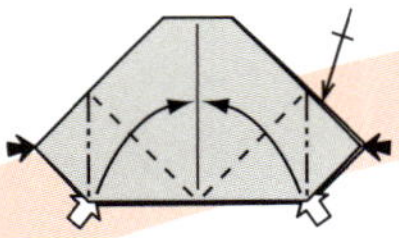

7 An beiden Laschen Quetschfaltungen ausführen (s. S. 25). Auf der Rückseite wiederholen.

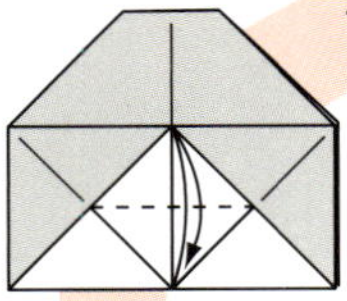

8 Die Ecke nach oben falten und entfalten.

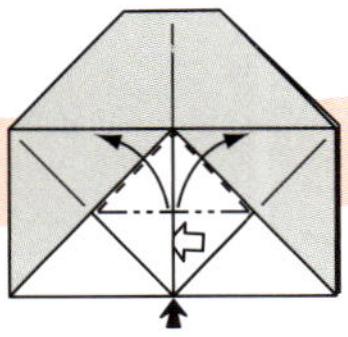

9 Die Lasche in der Mitte öffnen, die Seiten entlang der Kanten nach oben falten und das Modell glätten.

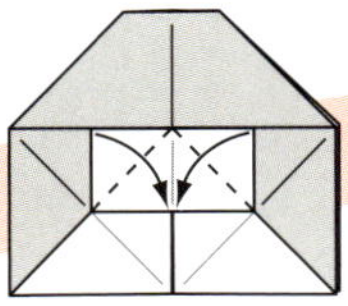

10 Die Ecken nach unten zur Mitte falten.

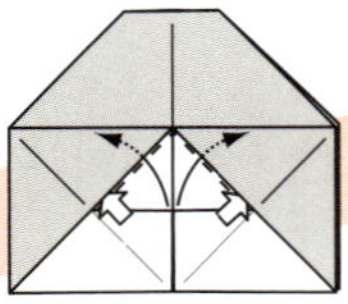

11 Die Ecken in die Taschen stecken.

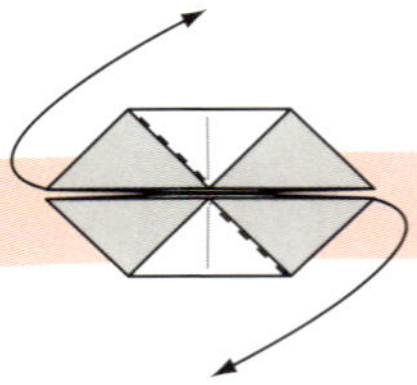

20 Zwei der vier Laschen rechtwinklig zu den anderen anordnen. Dazu die Unterseite wie gezeigt falten.

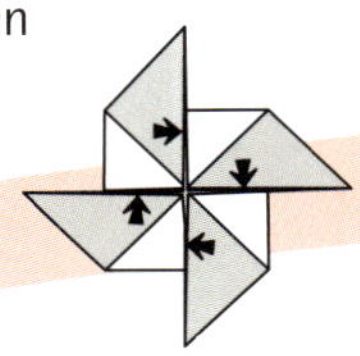

21 Die vier senkrechten Laschen im Uhrzeigersinn drehen: Am besten mit vier Fingern (je ein Finger zwischen zwei Laschen) nehmen und drehen. Die Rose nimmt dadurch von selbst ihre Form an.

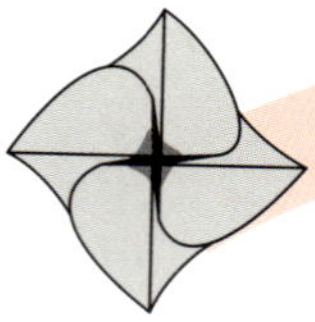

22 Fertige Diamantrose.

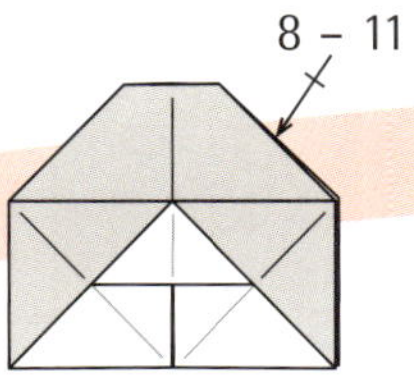

12 Schritte 8 bis 11 auf der Rückseite wiederholen.

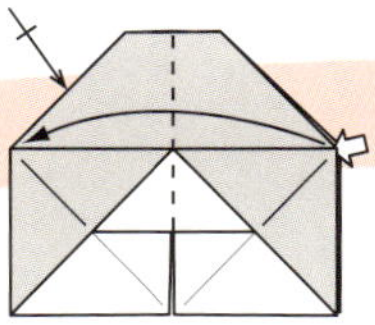

13 Eine Lasche nach links und auf der Rückseite eine Lasche gegengleich nach rechts klappen.

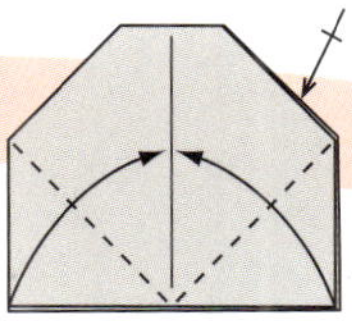

14 Die Ecken entlang der Vorfaltung zur Mitte falten. Auf der Rückseite wiederholen.

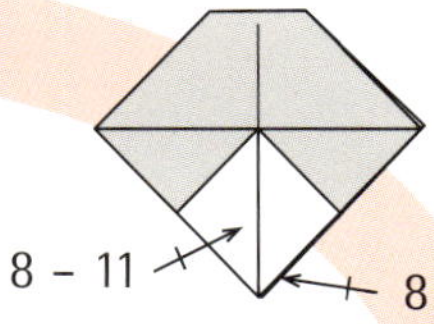

15 Schritte 8 bis 11 auf Vorder- und Rückseite wiederholen.

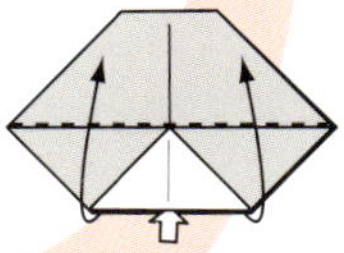

16 Die Lasche entlang der Kante nach oben falten und glatt drücken.

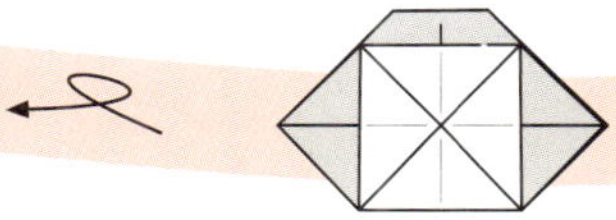

17 Das Modell wenden.

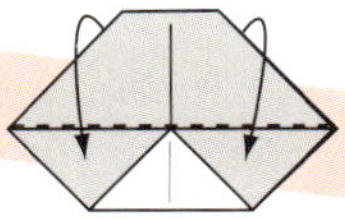

18 Die Lagen anheben.

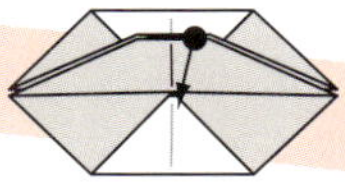

19 Die Lagen genau senkrecht zum Rest des Modells stellen.

Aufblühende Blume

Autor: Gerwin Sturm

Schwierigkeitsgrad 4

Dieses Modell ist vom Prinzip her der einfachen Blüte von Seite 20 sehr ähnlich, es geht aber von einer Variante der Vogelgrundform (Seite 16) aus.

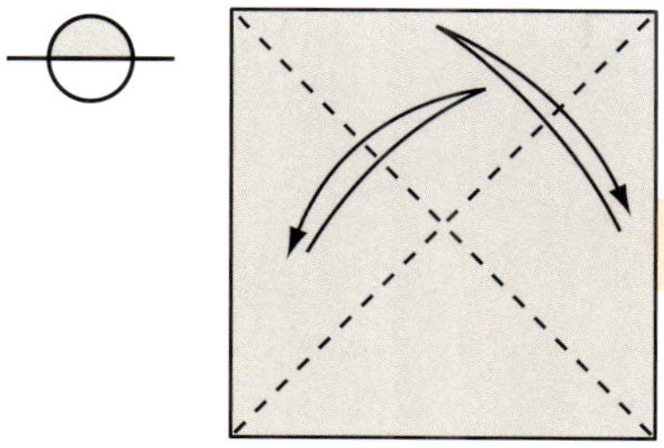

1 Die Diagonalen falten und entfalten.

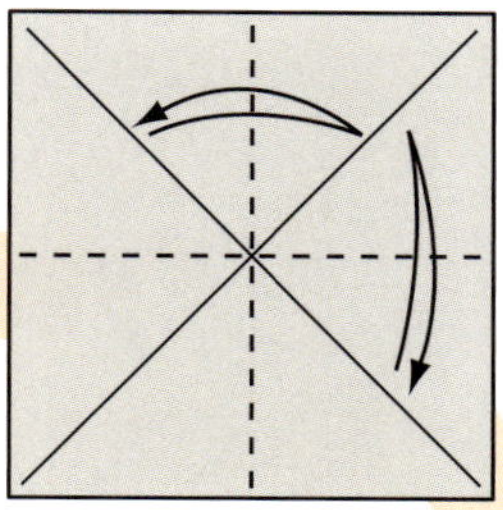

2 Horizontal und vertikal in der Mitte falten und entfalten.

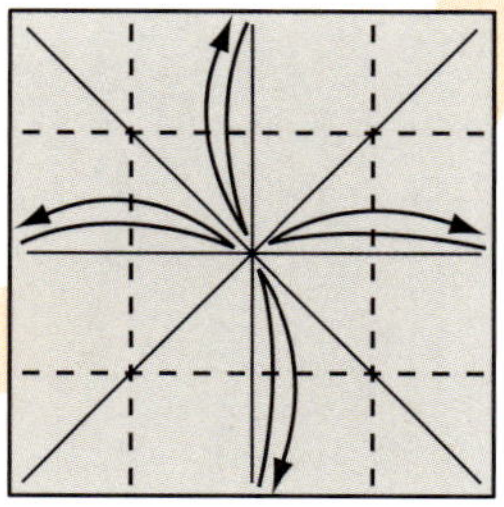

3 Jede Seite zur Mitte falten und entfalten.

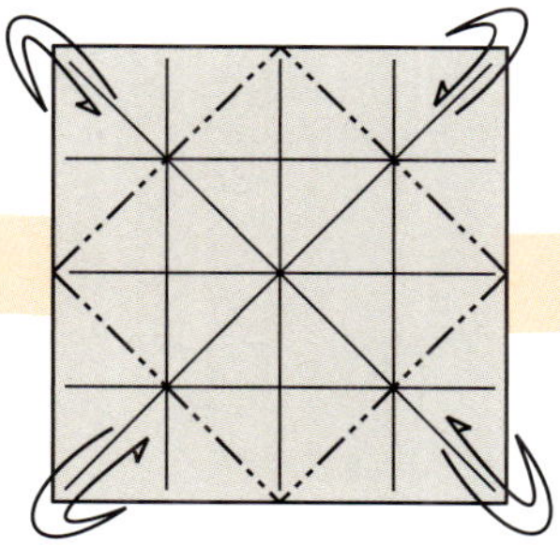

4 Die Ecken nach hinten zur Mitte falten und entfalten.

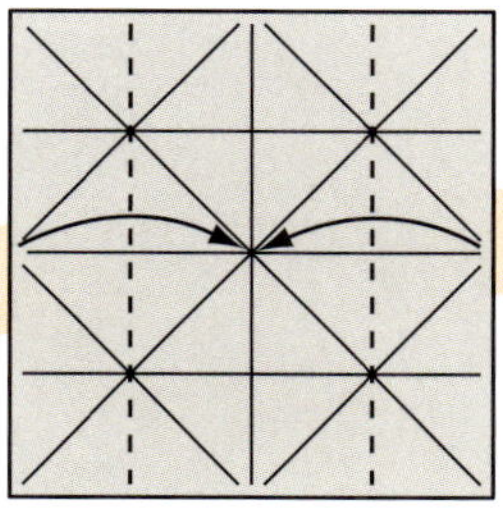

5 Die Seiten zur Mitte falten.

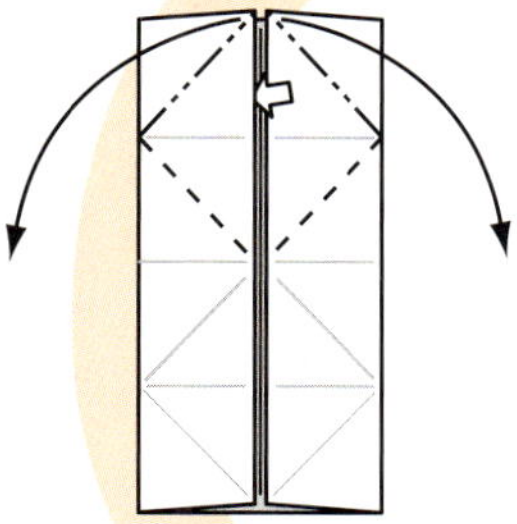

6 Die Ecken nach außen falten und das Modell glätten.

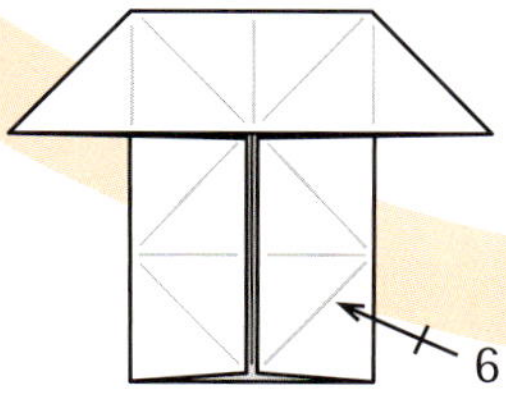

7 Schritt 6 an der unteren Hälfte wiederholen.

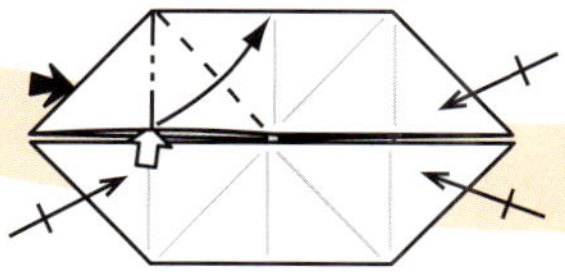

8 Ecken öffnen und mithilfe der Vorfaltungen glätten (Quetschfaltungen, s. S. 25).

9 Das Modell wenden.

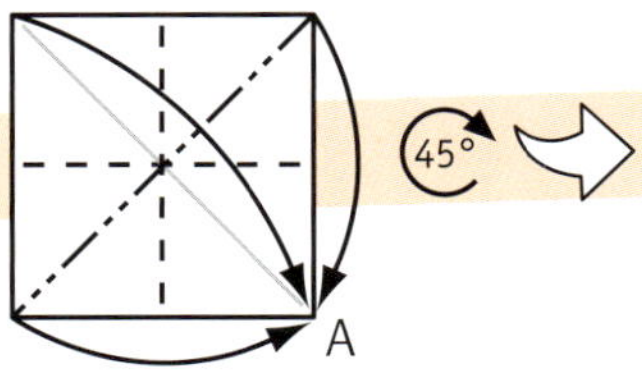

10 Ein zusammengeschobenes Quadrat falten. Beachten, wo sich die Spitze A im nächsten Schritt befindet.

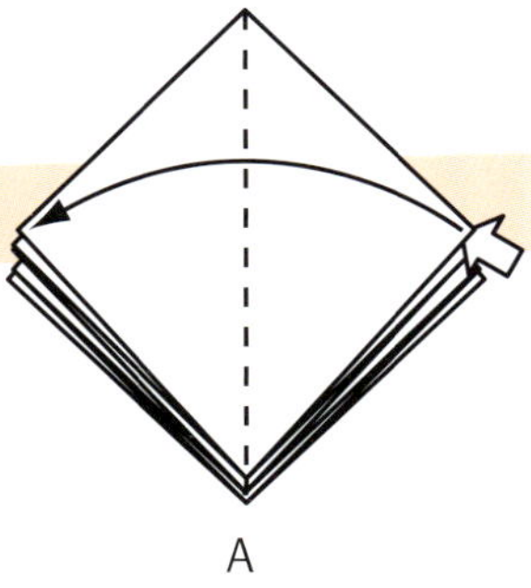

11 Eine Lasche nach links klappen.

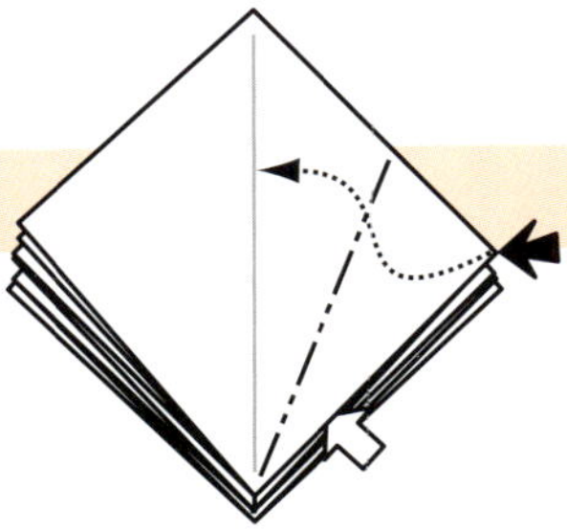

12 Die Spitze mit einem Gegenbruch (s. S. 12) nach innen bringen.

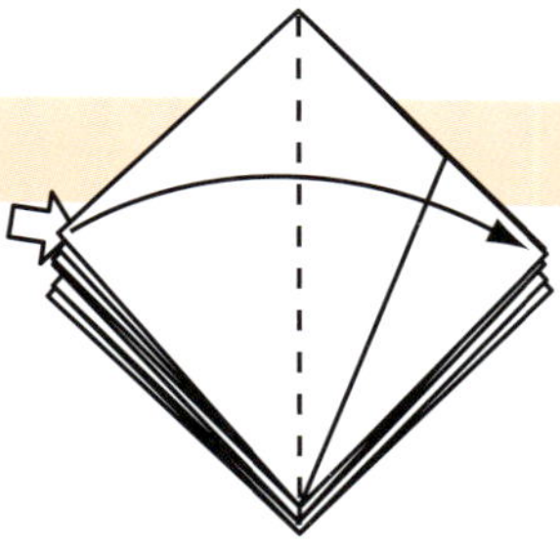

13 Die Lasche zurück nach rechts klappen.

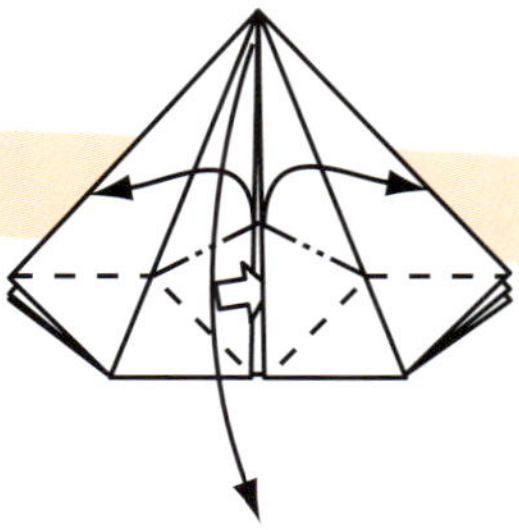

20 Die Spitze nach unten falten und dabei die inneren Lagen nach außen falten.

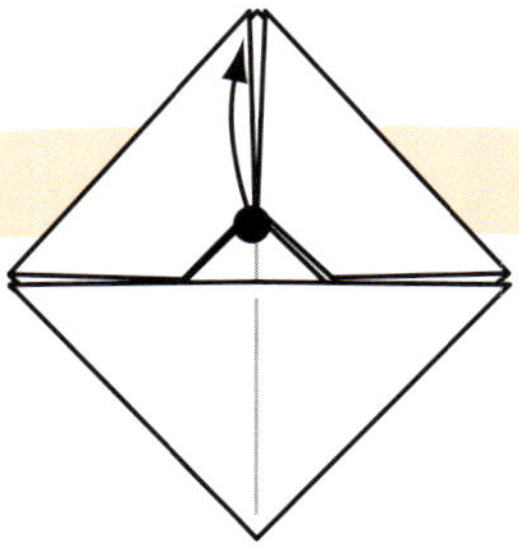

21 Die lose Ecke herausziehen.

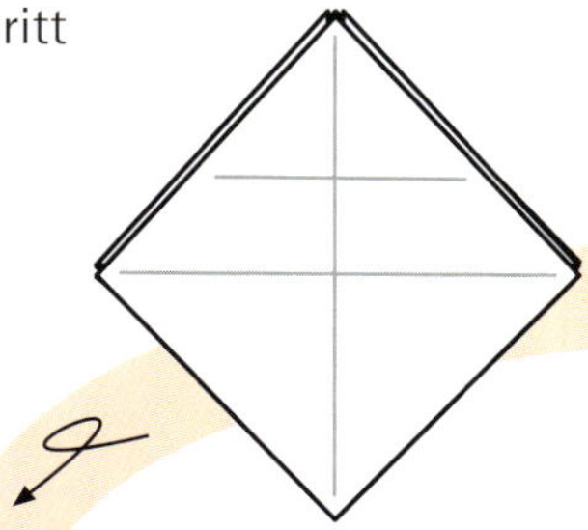

22 Das Modell wenden.

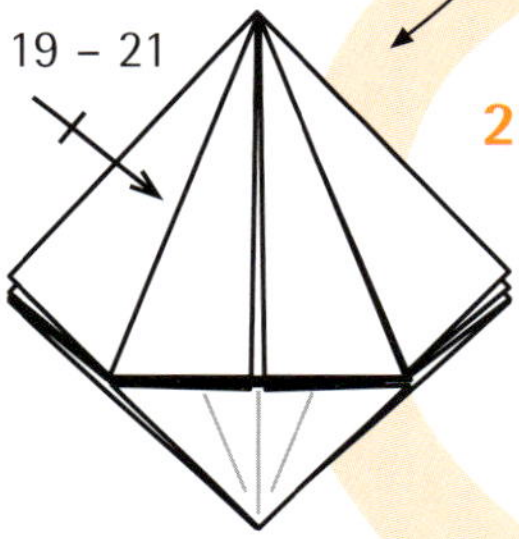

23 Schritte 19 bis 21 auf dieser Seite wiederholen.

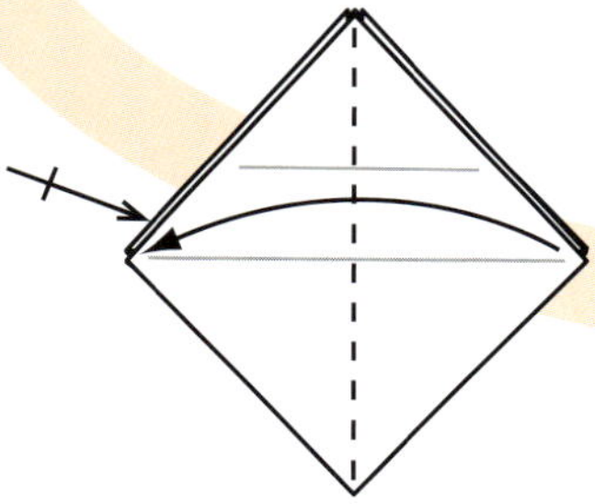

24 Eine Lasche nach links klappen und auf der Rückseite eine gegengleich nach rechts.

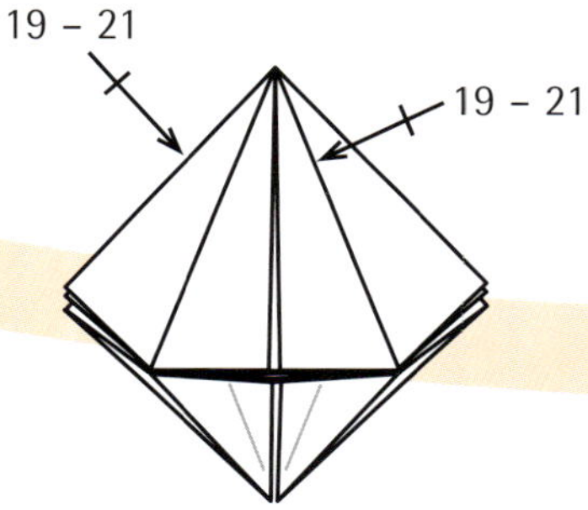

25 Schritte 19 bis 21 auf Vorder- und Rückseite wiederholen.

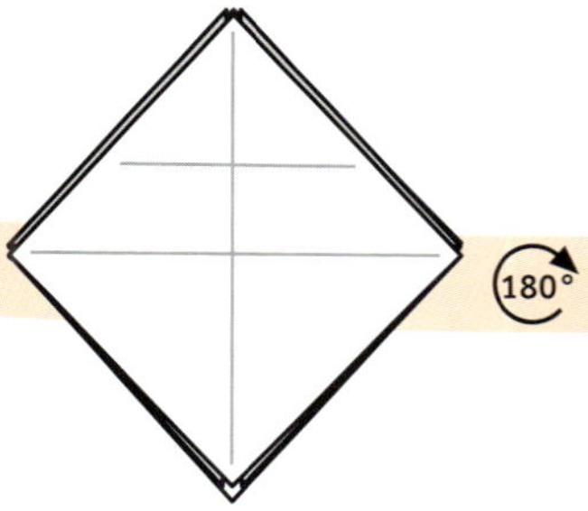

26 Das Modell um 180 Grad drehen.

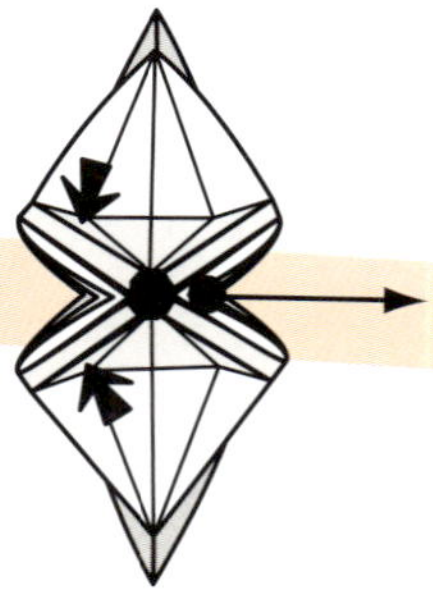

34 Das Modell links zusammenhalten und das dritte Blätterpaar nach rechts ziehen.

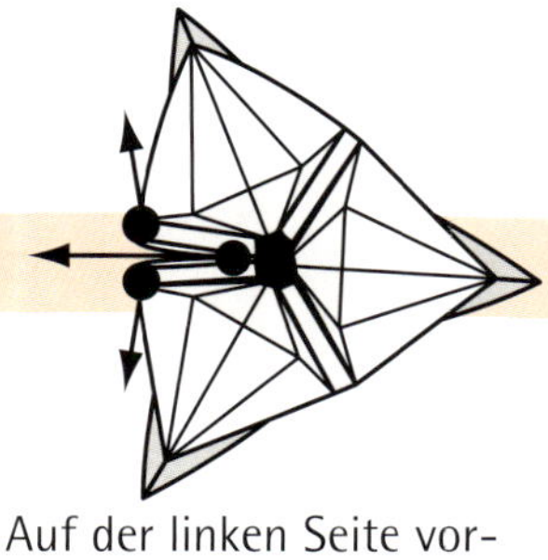

35 Auf der linken Seite vorsichtig öffnen und das vierte Blätterpaar herausziehen.

36 Fertige Blume. Das Modell wenden.

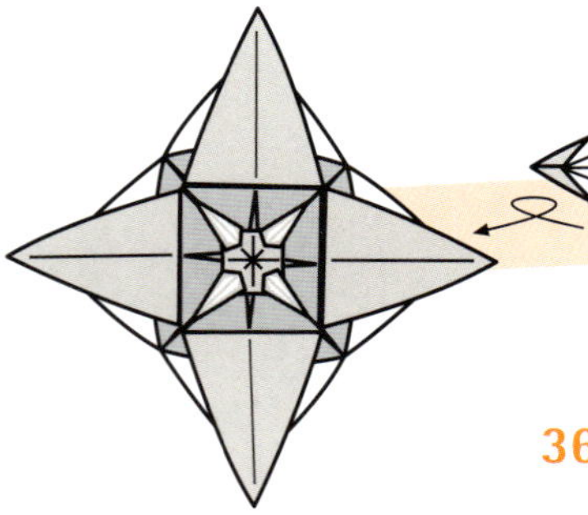

37 Die Rückseite der Blume.

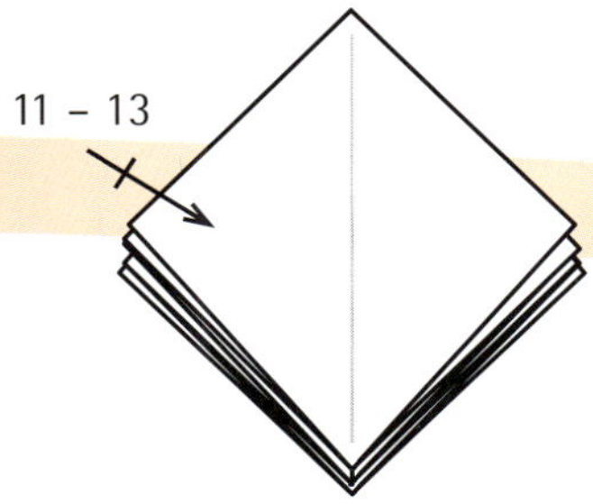

14 Schritte 11 bis 13 auf der linken Seite wiederholen.

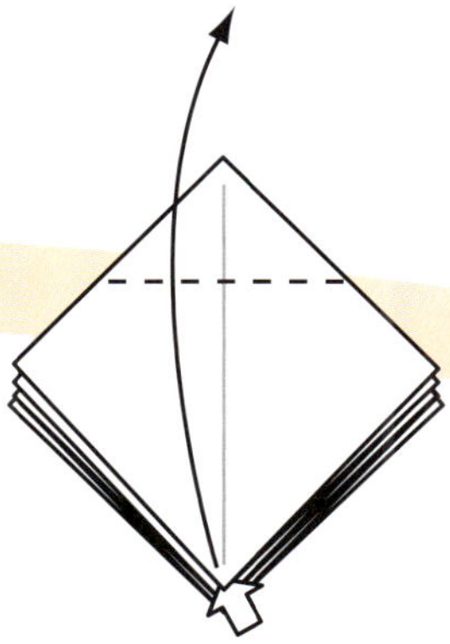

15 Die Spitze so weit wie möglich nach oben falten.

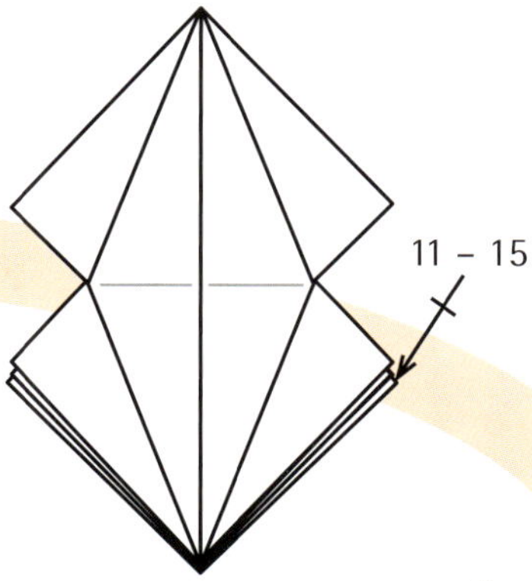

16 Schritte 11 bis 15 auf der Rückseite wiederholen.

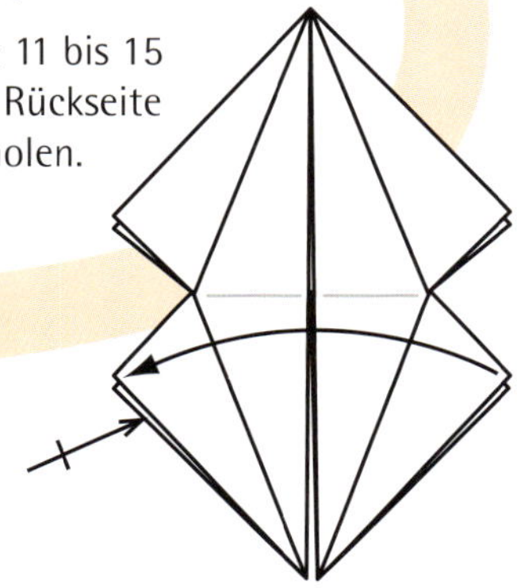

17 Zwei Laschen nach links und auf der Rückseite zwei gegengleich nach rechts klappen.

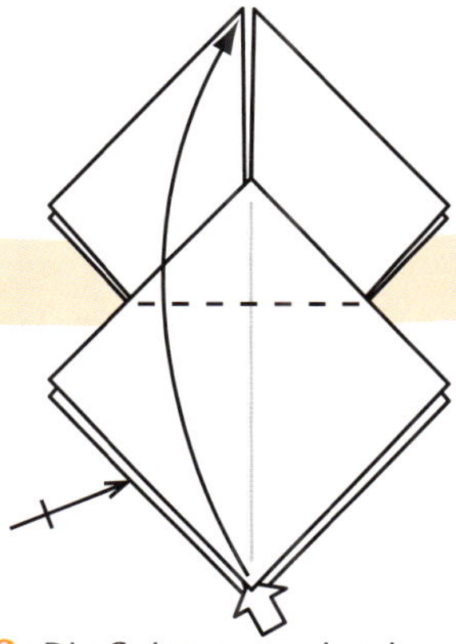

18 Die Spitze so weit wie möglich nach oben falten. Auf der Rückseite wiederholen.

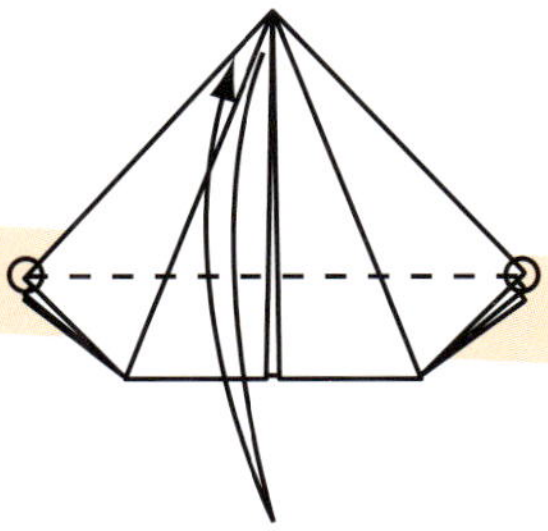

19 Falten und entfalten. Die Faltung muss genau an den Ecken beginnen.

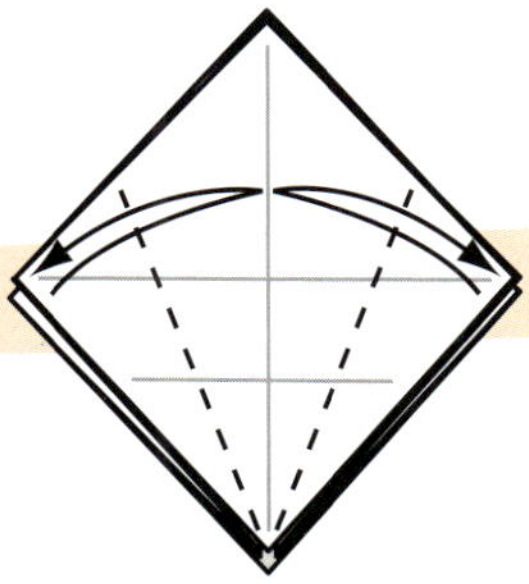

27 Die Seiten zur Mitte falten und entfalten.

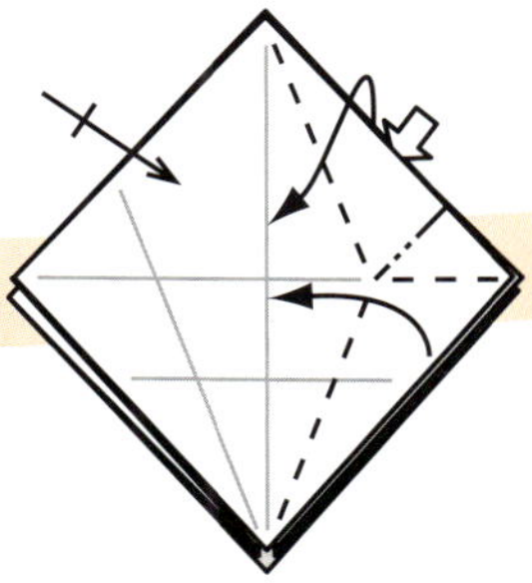

28 Die Seiten nach innen falten und dabei ein Hasenohr (s. S. 13) formen. Links wiederholen.

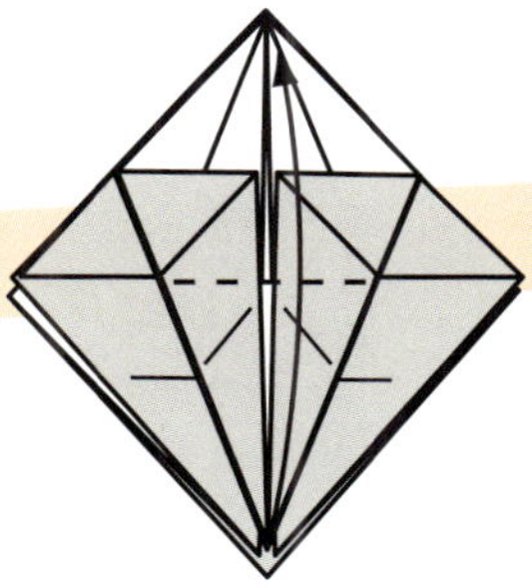

29 Die Spitze nach oben falten.

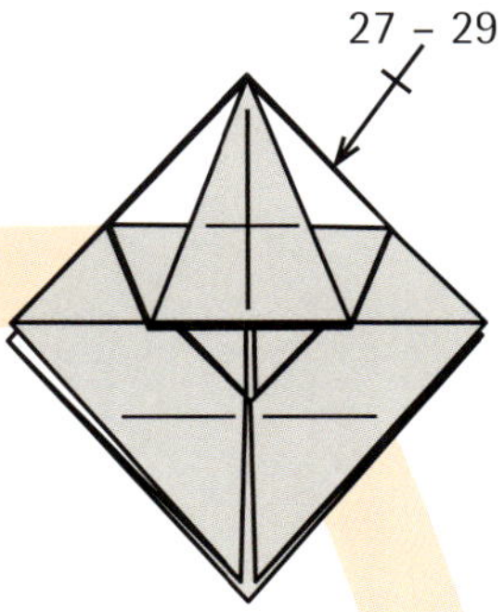

30 Schritte 27 bis 29 auf der Rückseite wiederholen.

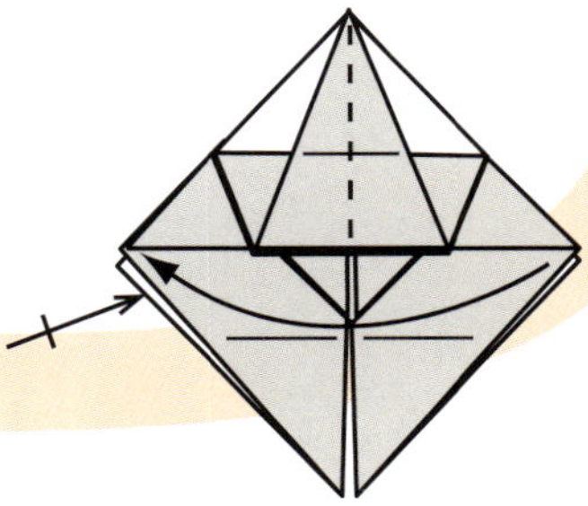

31 Eine Lasche nach links und auf der Rückseite eine Lasche gegengleich nach rechts klappen.

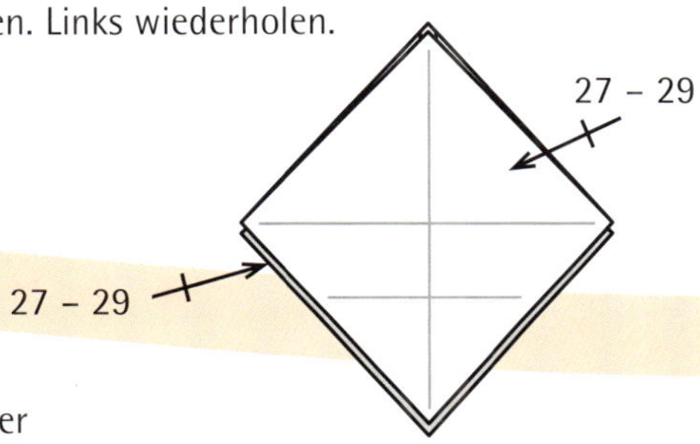

32 Schritte 27 bis 29 auf Vorder- und Rückseite wiederholen.

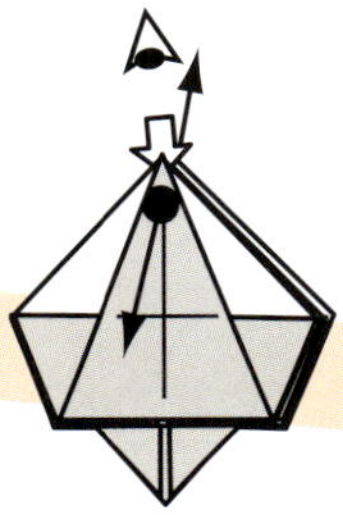

33 Die vorderen und hinteren Blätter (jeweils ein farbiges und ein weißes) auseinanderziehen. Das Modell von oben betrachten.

Drache

Autor: Anna Kastlunger

Schwierigkeitsgrad 5

Dieses Modell ist eine Abwandlung des traditionellen Kranichs. Man sollte Papier verwenden, das auf beiden Seiten dieselbe Farbe hat.

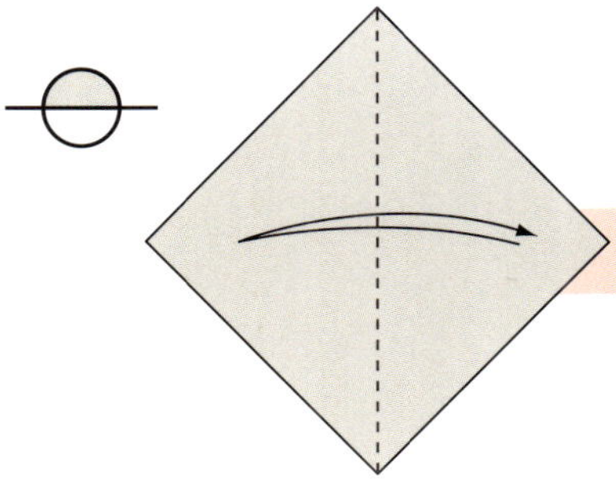

1 Die Diagonale falten und entfalten.

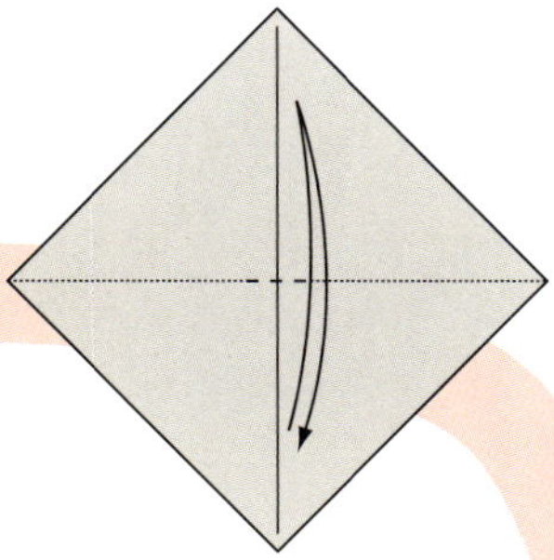

2 Die zweite Diagonale falten und entfalten, aber die Faltung nur in der Mitte fest mit dem Fingernagel nachziehen.

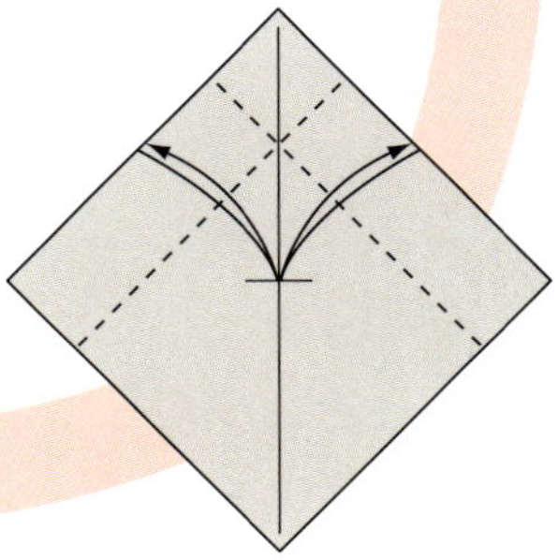

3 Die Seiten zur Markierung falten und entfalten.

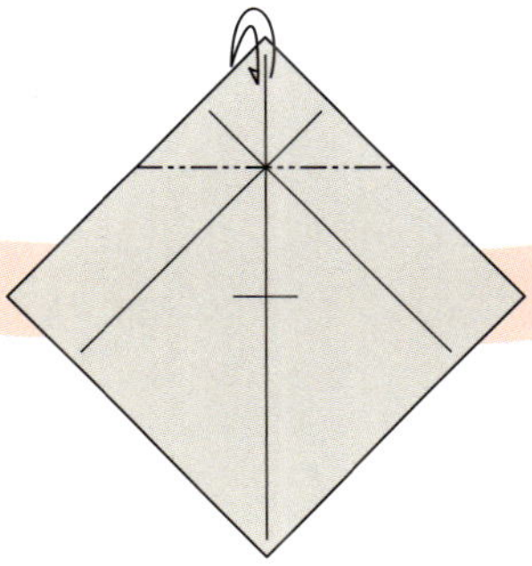

4 Die Ecke nach hinten zur Markierung falten (Bergfalte) und entfalten.

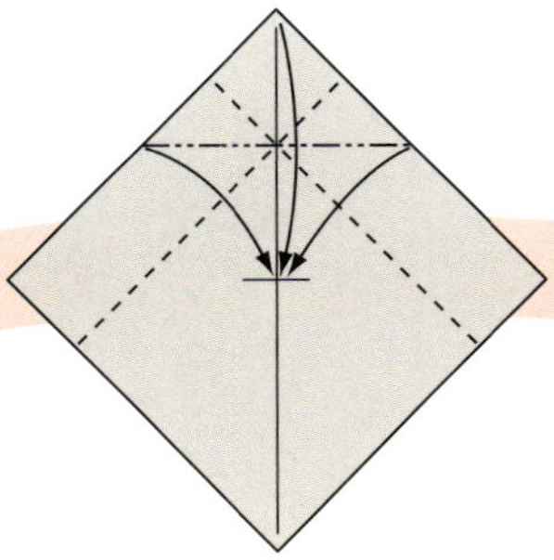

5 Mit den Vorfaltungen ein zusammengeschobenes Quadrat (s. S. 17) falten.

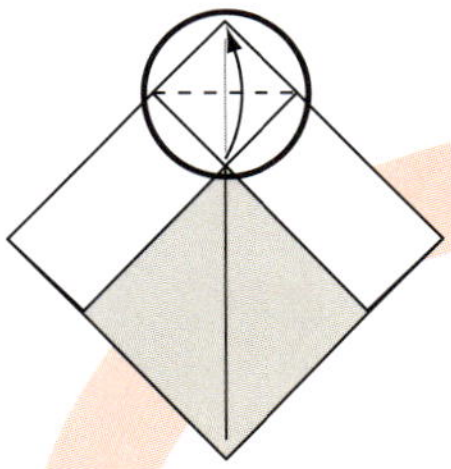

6 Die Ecke nach oben falten.

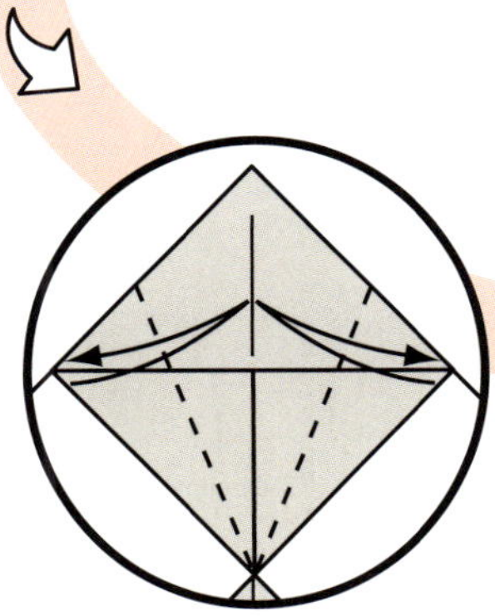

7 Die Seiten zur Mitte falten und entfalten.

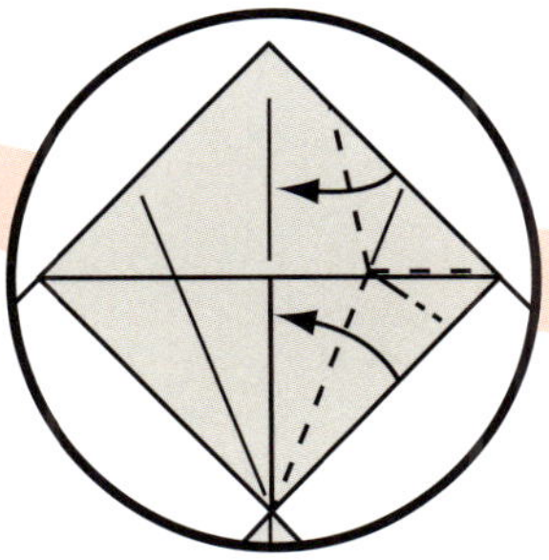

8 Ein Hasenohr (s. S. 13) wie gezeigt falten. Die Faltung geht oben nicht bis zur Spitze.

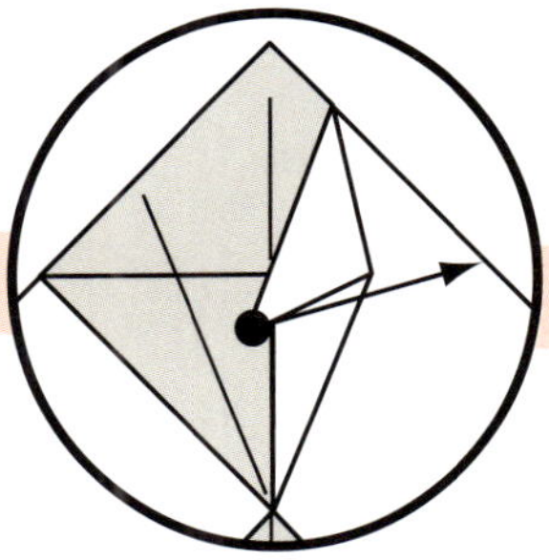

9 Wieder entfalten.

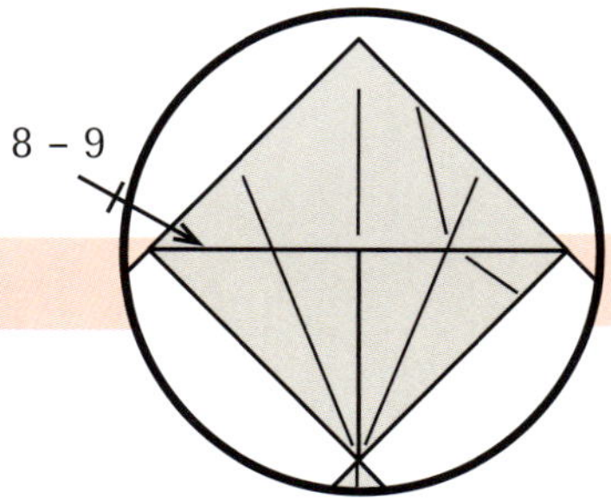

10 Schritte 8 bis 9 auf der linken Seite wiederholen.

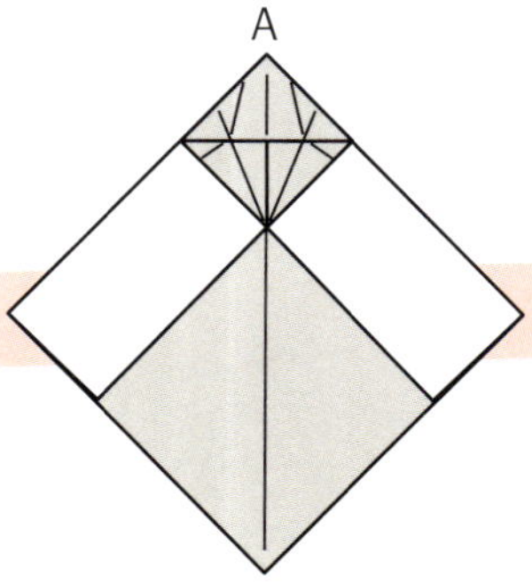

11 Wenden. Darauf achten, dass der Kopf (A) oben bleibt.

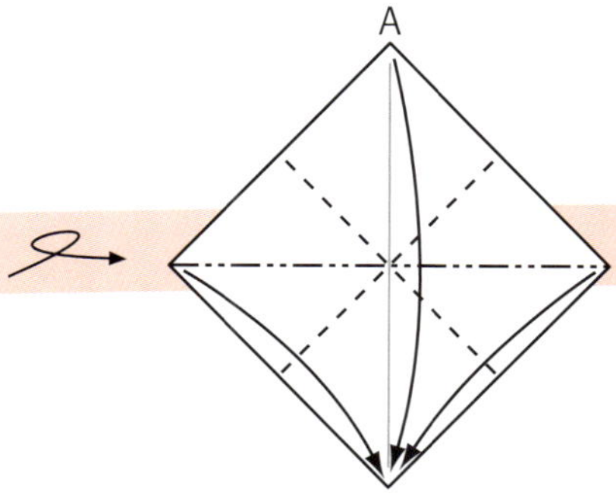

12 Ein zusammengeschobenes Quadrat falten.

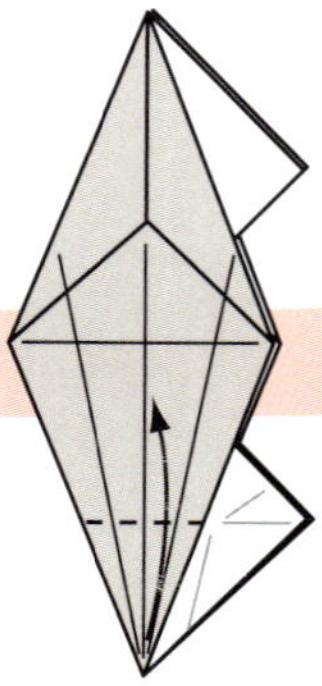

21 Die Spitze nach oben falten.

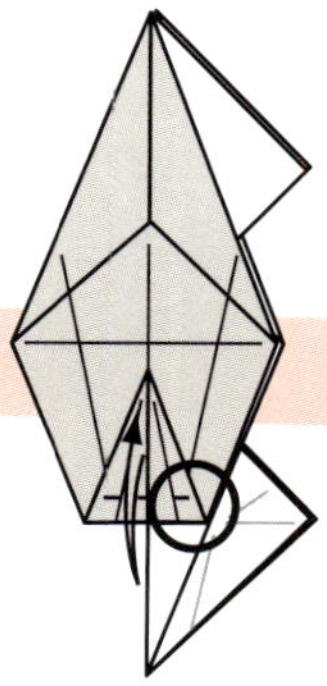

22 Die Spitze nach unten falten und entfalten.

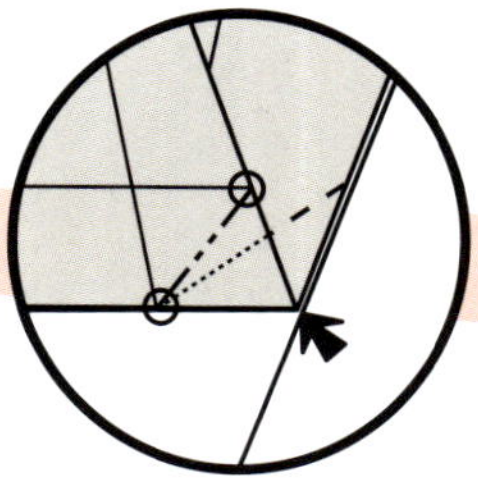

23 Die Ecke mit einem Gegenbruch (s. S. 12) nach innen bringen. Dabei die Referenzpunkte beachten.

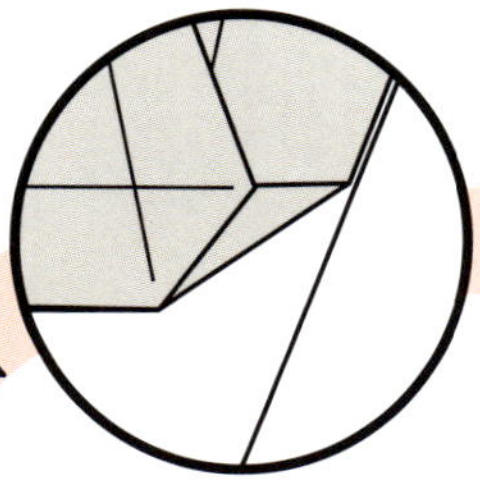

24 Ergebnis von Schritt 23.

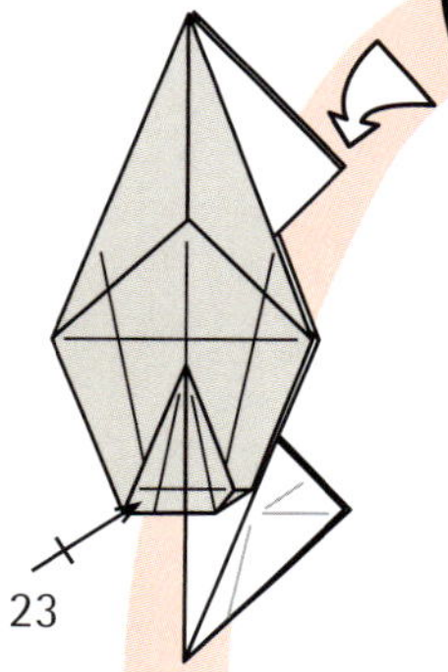

25 Schritt 23 mit der linken Ecke wiederholen.

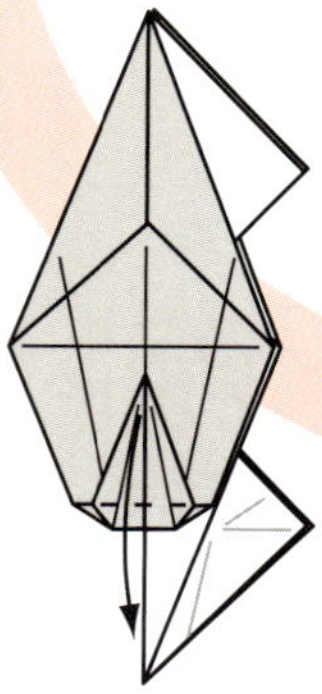

26 Die Spitze an der Vorfaltung nach unten falten.

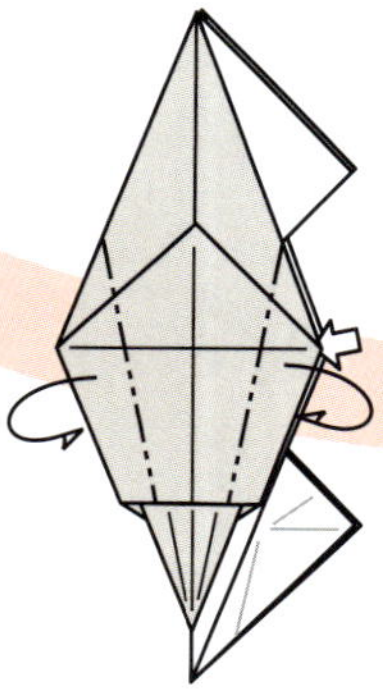

27 Die Seiten entlang der Vorfaltungen nach innen falten (Bergfalten).

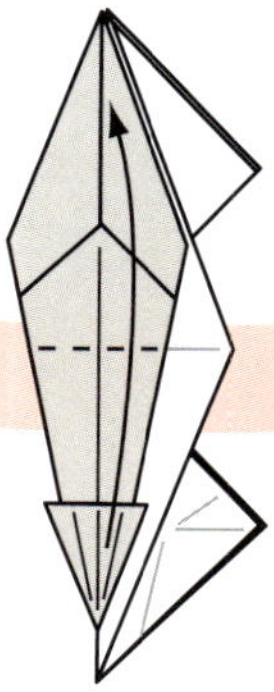

28 Den Schwanz so weit wie möglich nach oben falten.

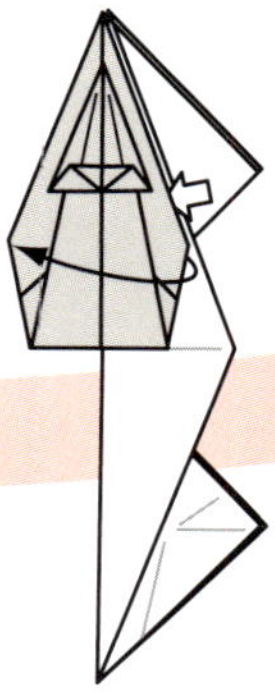

29 Den Schwanz in der Mitte falten.

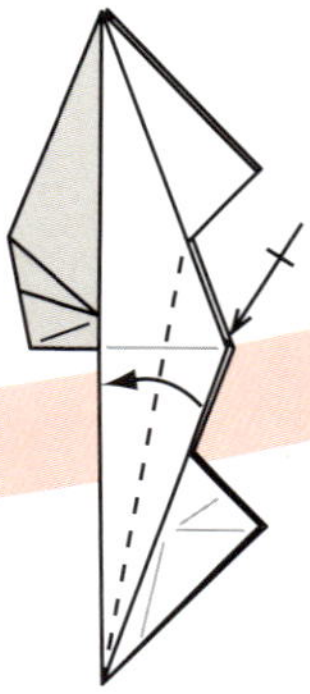

30 Die Seite zur Mitte falten. Auf der Rückseite wiederholen.

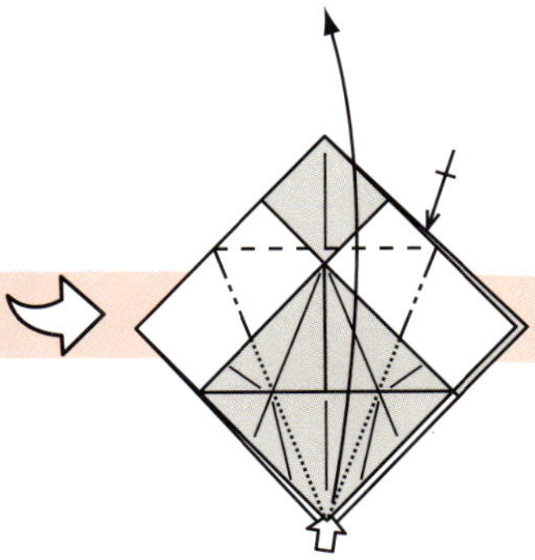

13 Eine Blütenblattfaltung (s. S. 16) ausführen, am Kopf keine Faltungen machen. Auf der Rückseite wiederholen.

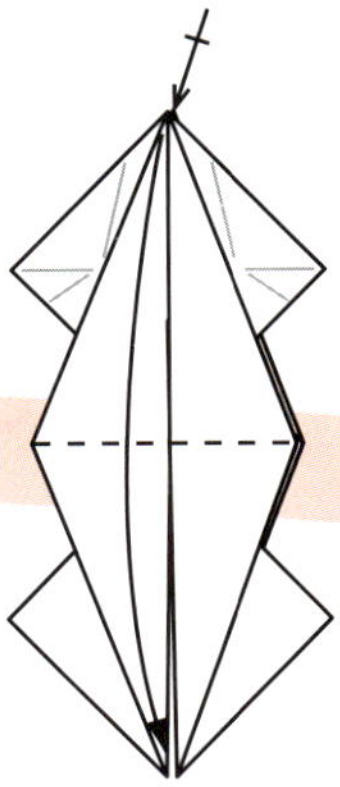

14 Die Spitze wieder nach unten falten. Auf der Rückseite wiederholen.

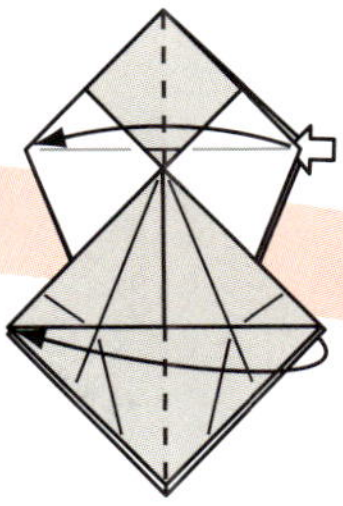

15 Drei Laschen nach links falten.

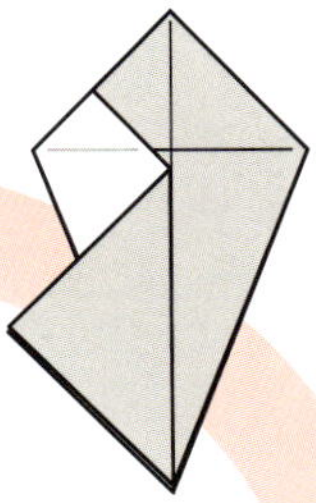

16 Die unteren Laschen sollten alle nach links zeigen. Das Modell wenden.

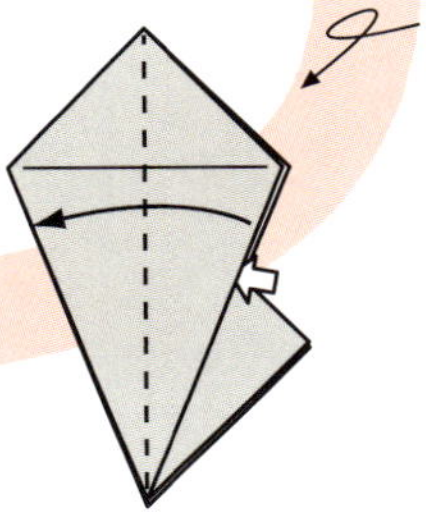

17 Eine Lasche nach links falten.

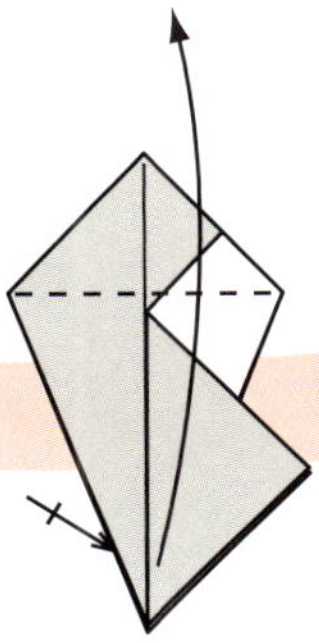

18 Die Spitze nach oben falten. Auf der Rückseite wiederholen.

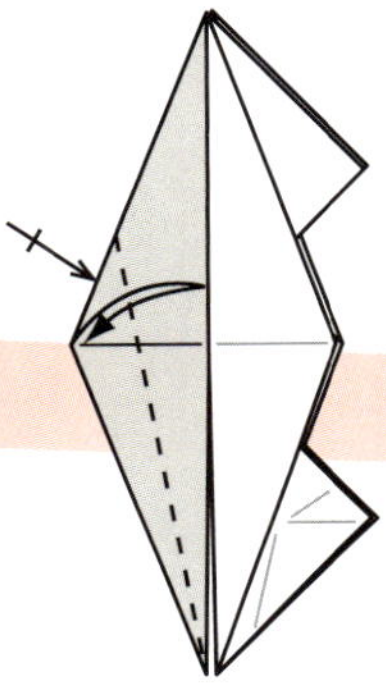

19 Die Seite zur Mitte falten und entfalten. Auf der Rückseite wiederholen.

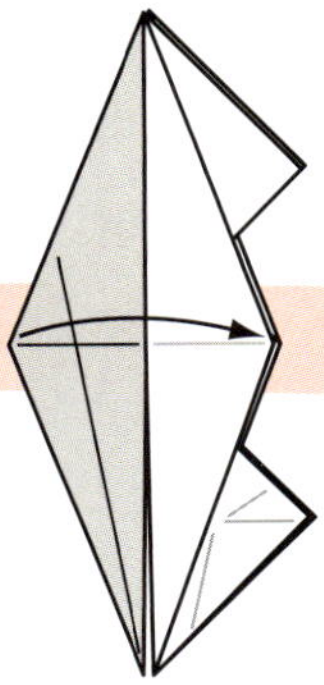

20 Eine Lasche nach rechts klappen.

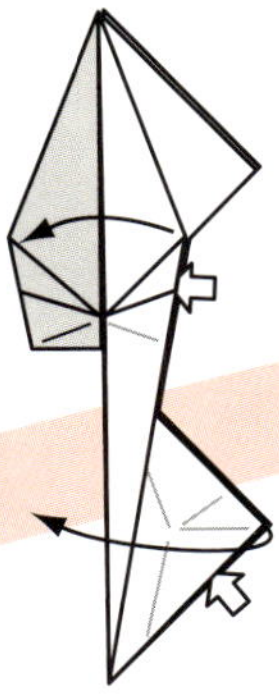

31 Den Kopf in der Mitte öffnen und die Lagen nach links falten.

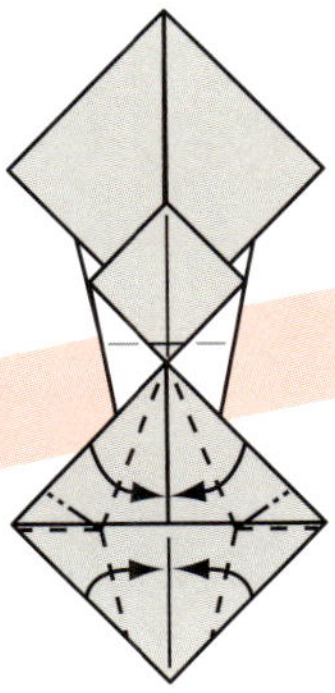

32 Die Hasenohren wieder formen.

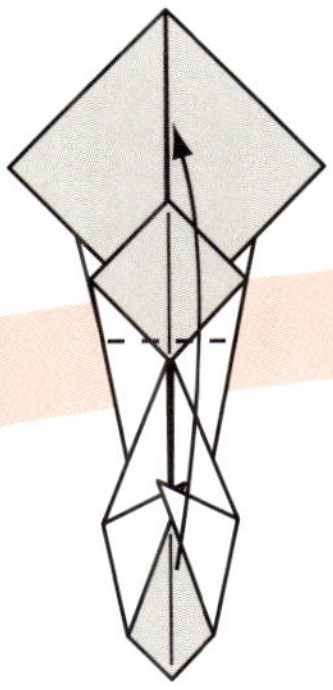

33 Den Kopf nach oben falten.

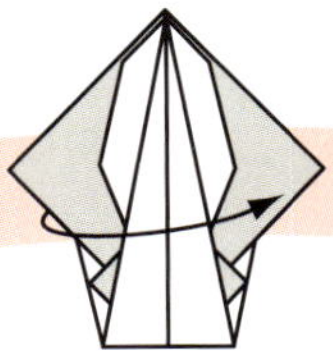

34 Den Kopf in der Mitte falten.

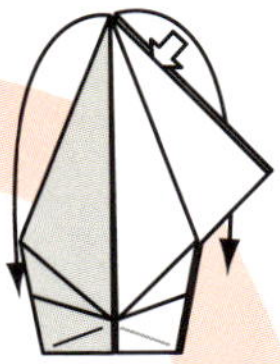

35 Die Flügel leicht nach unten klappen (nicht falten).

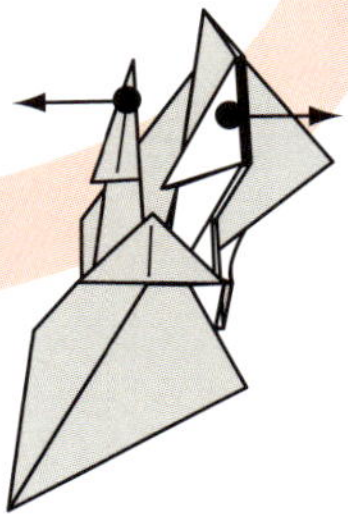

36 Schwanz und Kopf in die gewünschte Position ziehen.

37 Den Hals knapp hinter den Ohren festhalten und den Kopf nach unten knicken.

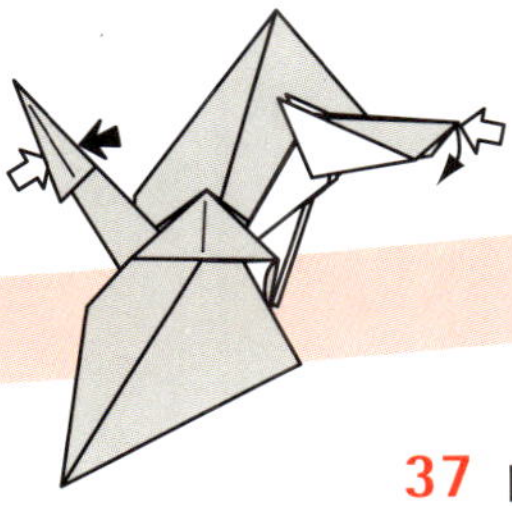

38 Den Mund öffnen und den Schwanz formen.

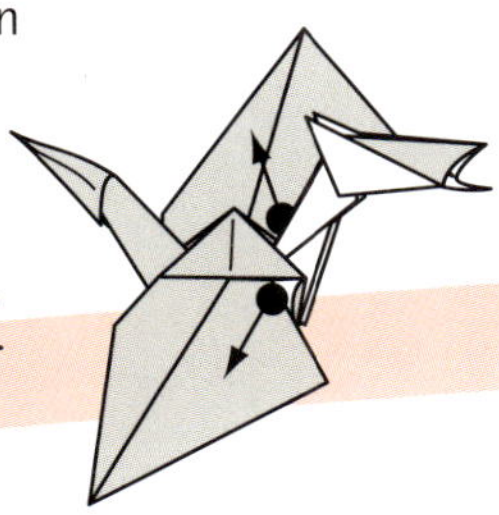

39 An den Flügeln festhalten und vorn auseinanderziehen.

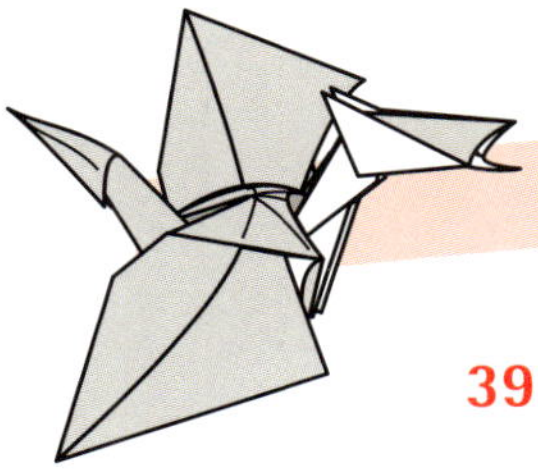

40 Fertiger Drache.

Kleeblatt

Autor: Gerwin Sturm

Schwierigkeitsgrad 4

Die Ausgangsform dieses Modells (Schritt 12) kann für viele verschiedene Modelle verwendet werden und ist daher sehr zum Experimentieren geeignet.

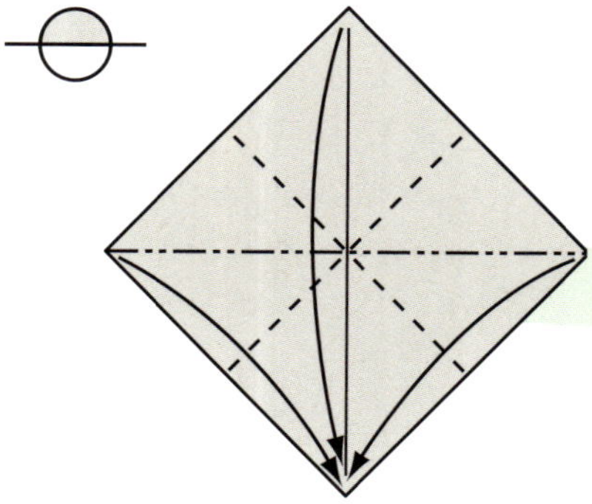

1 Ein zusammengeschobenes Quadrat (s. S. 17) falten.

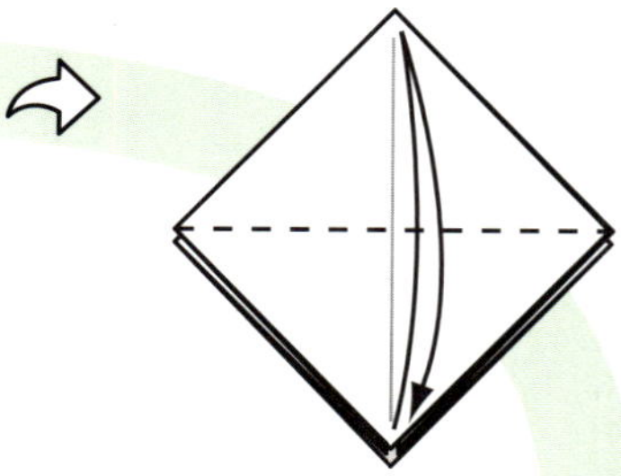

2 Die Ecke nach oben falten und entfalten.

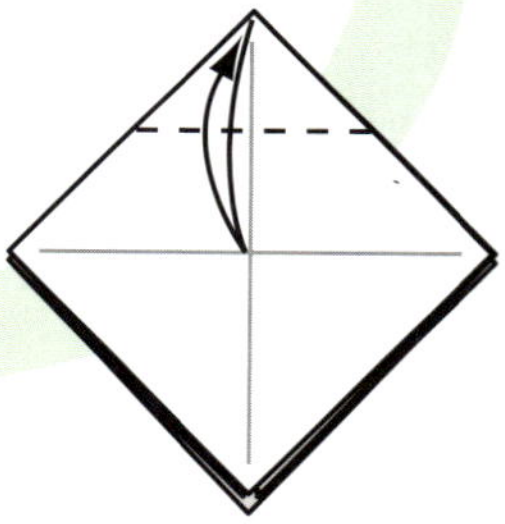

3 Die Spitze zur Vorfaltung falten und entfalten.

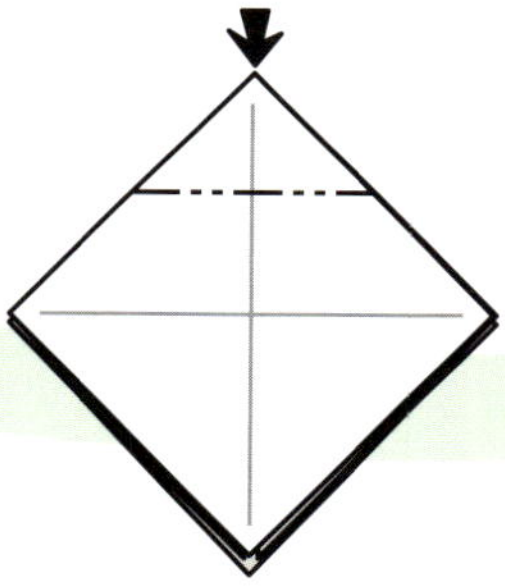

4 Die Spitze an der Vorfaltung offen versenken (s. S. 21).

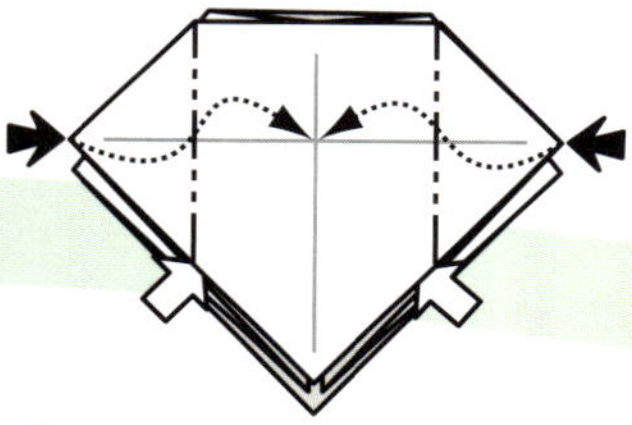

5 Die Ecken mit inneren Gegenbrüchen (s. S. 12) zur Mitte bringen.

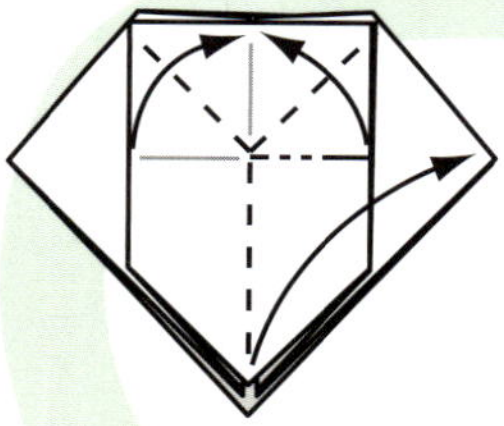

6 Ein Hasenohr falten (s. S. 13).

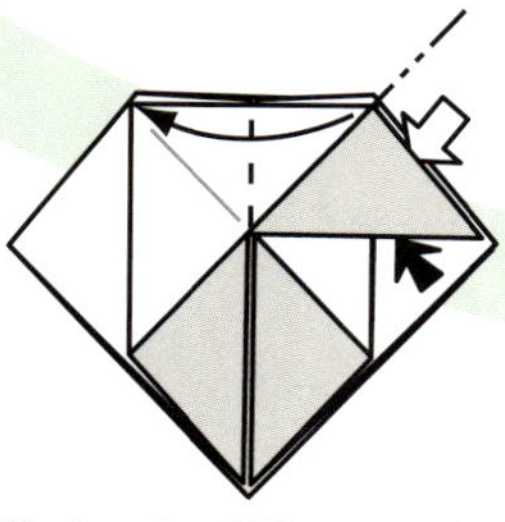

7 Die Lasche öffnen und flach drücken (Quetschfaltung, s. S. 25).

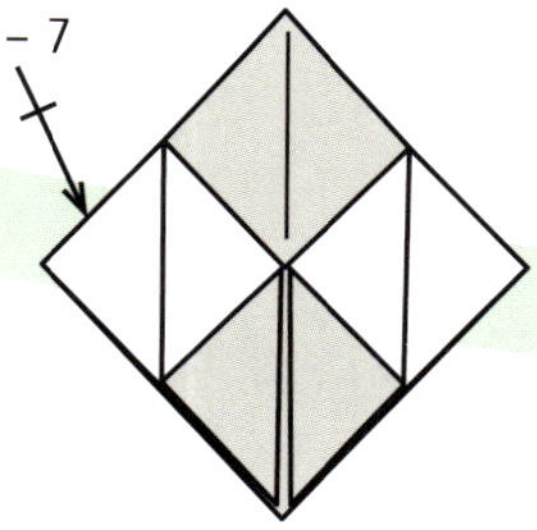

8 Die Schritte 5 bis 7 auf der Rückseite wiederholen.

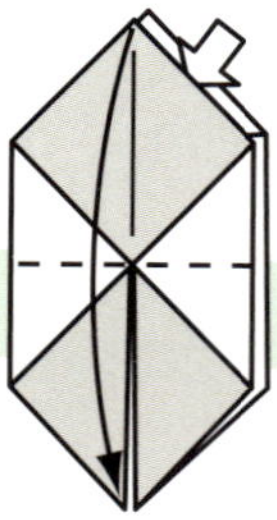

9 Die vorderen Lagen nach unten falten und dabei die Versenkung aus Schritt 4 öffnen.

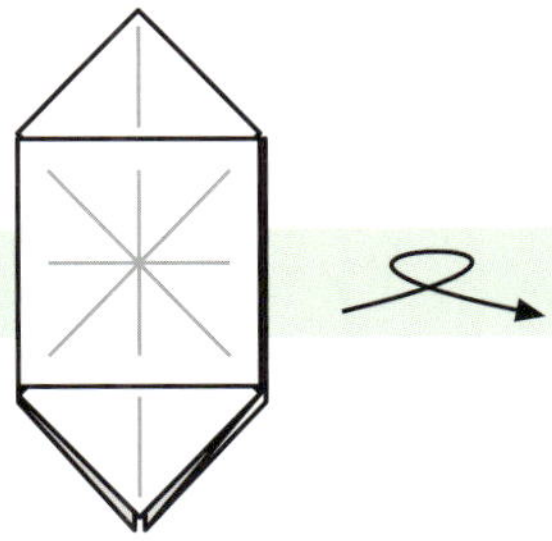

10 Das Modell wenden.

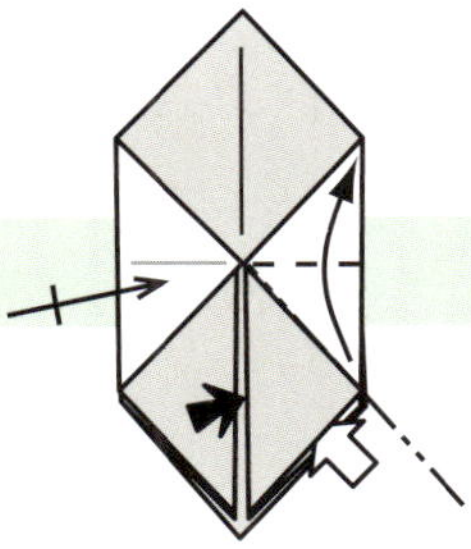

11 Die Lasche öffnen und flach drücken, links wiederholen.

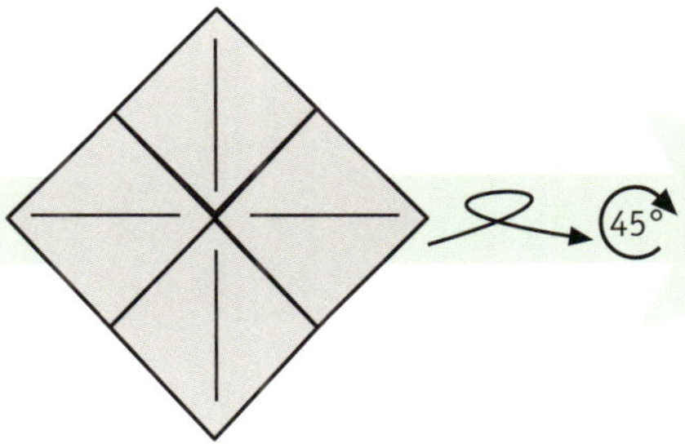

12 Das Modell wenden und drehen.

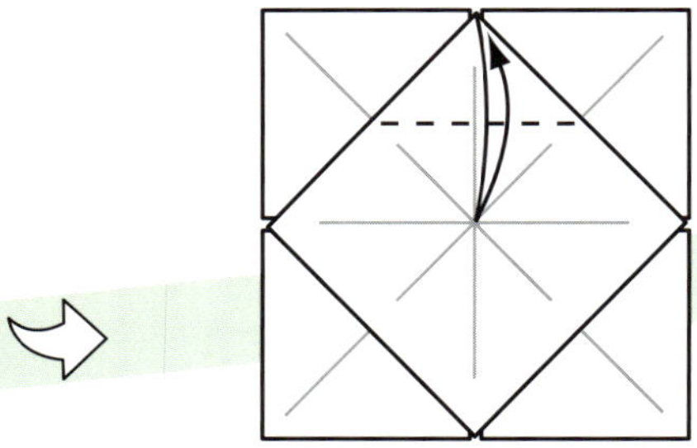

13 Die Ecke zur Mitte falten und entfalten.

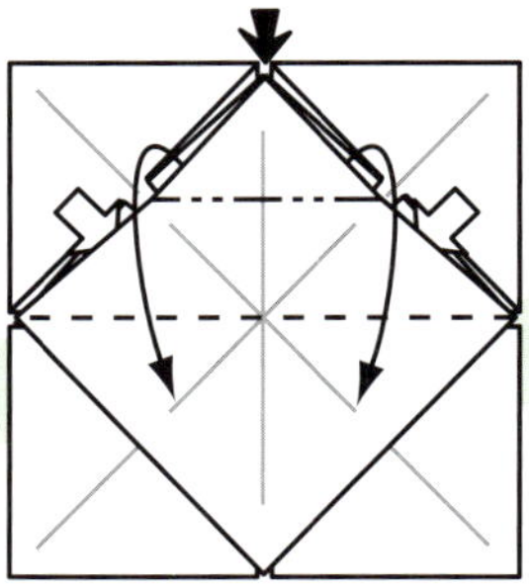

14 Die Seiten nach unten falten und dabei die Ecke flach drücken.

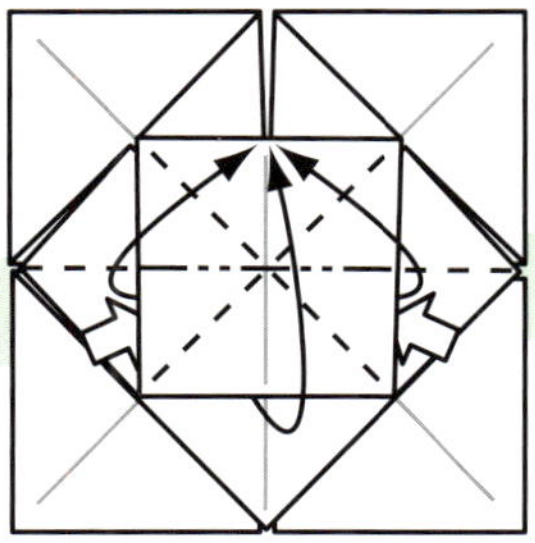

15 Die Lasche nach oben falten und dabei die Seiten des kleinen Quadrats nach innen bringen.

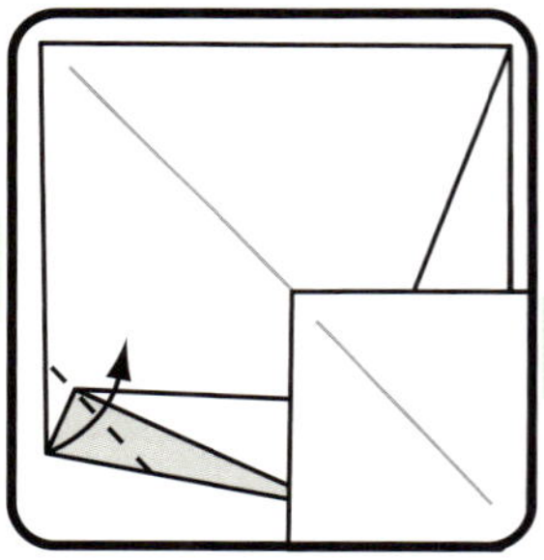

23 Die vorige Faltung durch eine kleine Talfalte fixieren.

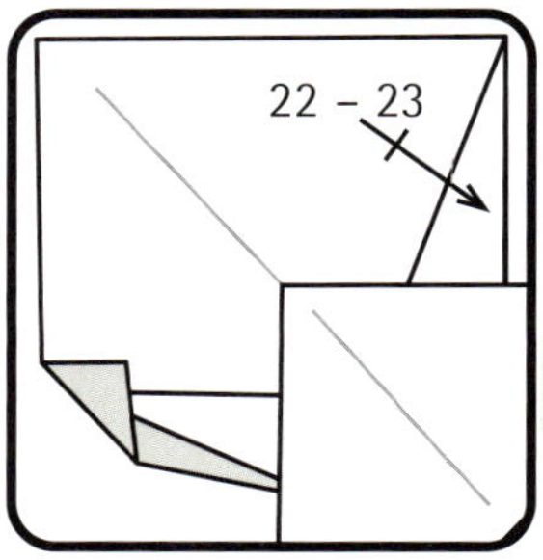

24 Die Schritte 22 bis 23 auf der anderen Seite wiederholen.

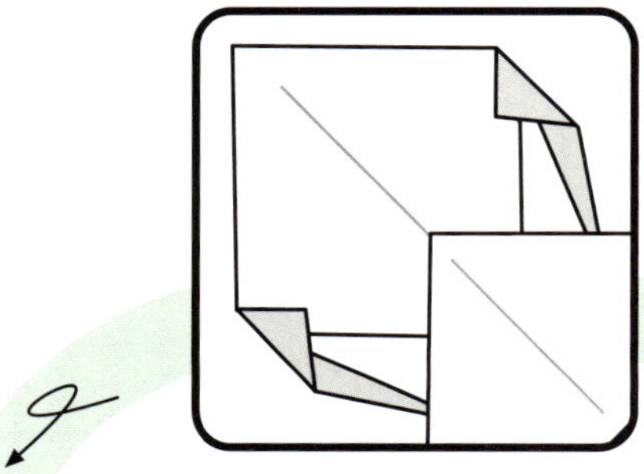

25 Wenden.

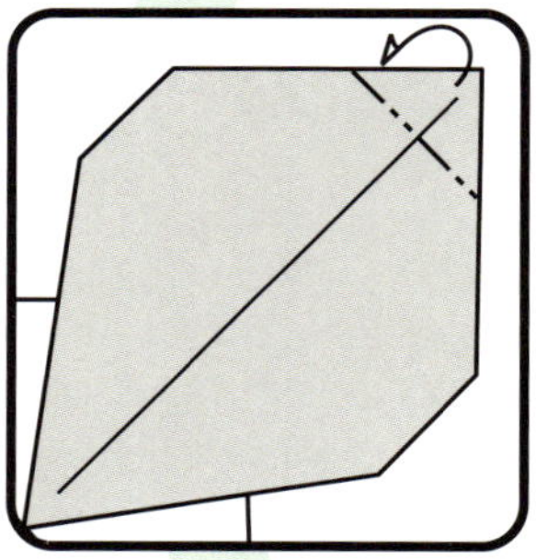

26 Die Spitze nach hinten falten.

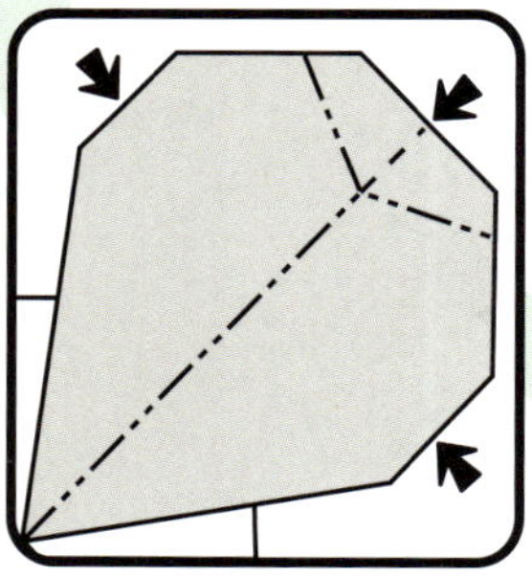

27 Das Blatt vorn leicht eindrücken und formen.

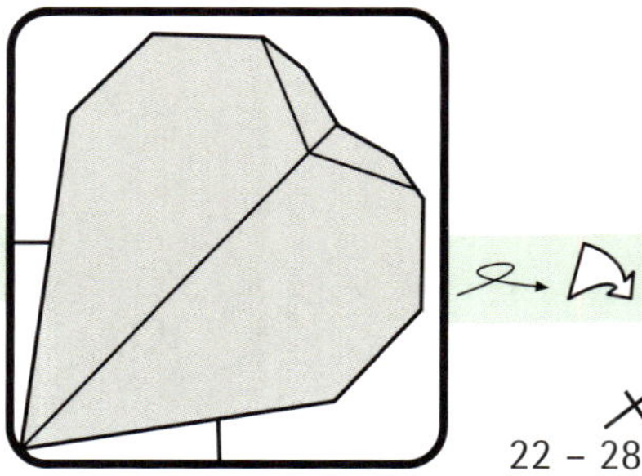

28 Ein Blatt ist fertig. Das Modell wenden.

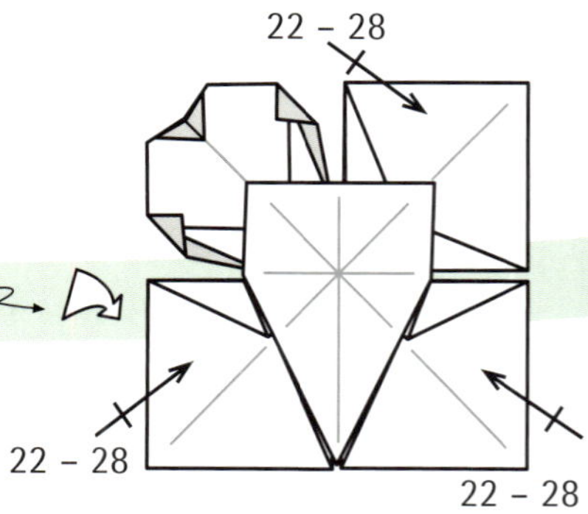

29 Schritte 22 bis 28 für die anderen Blätter wiederholen.

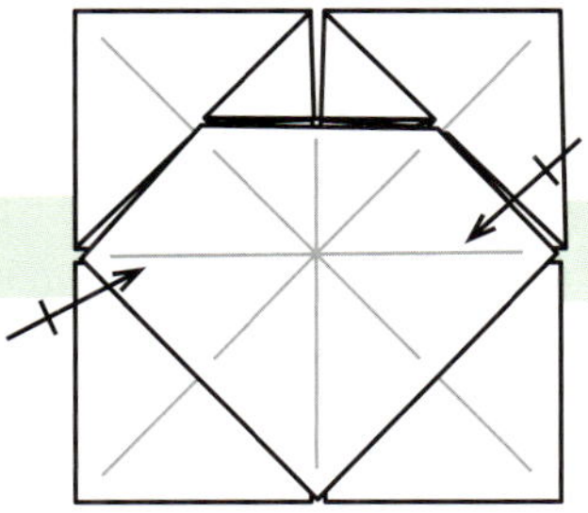

16 Schritte 13 bis 15 mit der linken und rechten Ecke wiederholen.

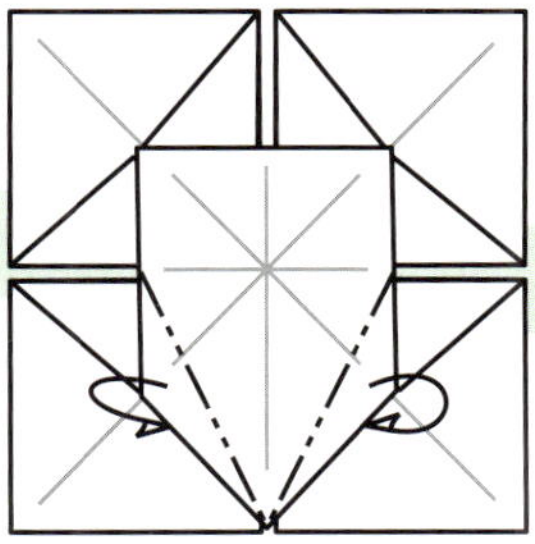

17 Die Seiten nach innen falten (Bergfalte).

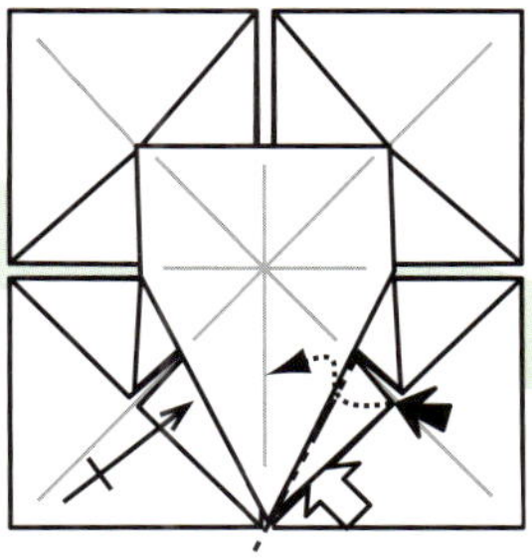

18 Innerer Gegenbruch (s. S. 12). Links wiederholen.

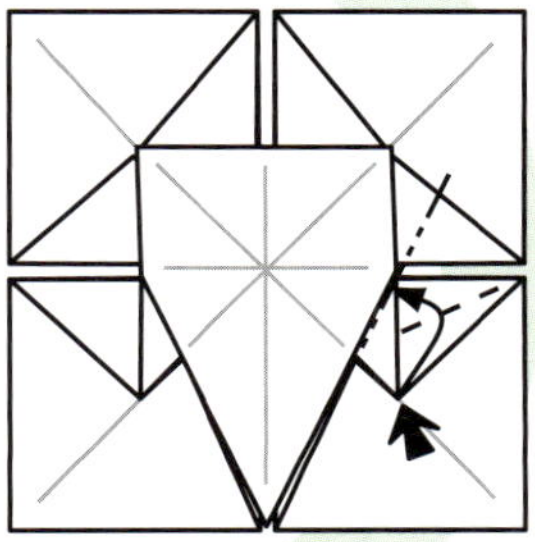

19 Die Ecke mit einem inneren Gegenbruch so weit wie möglich nach innen bringen.

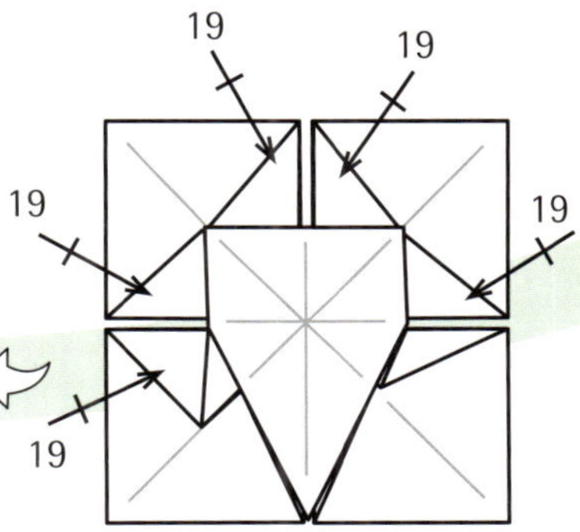

20 Schritt 19 an fünf weiteren Stellen wiederholen.

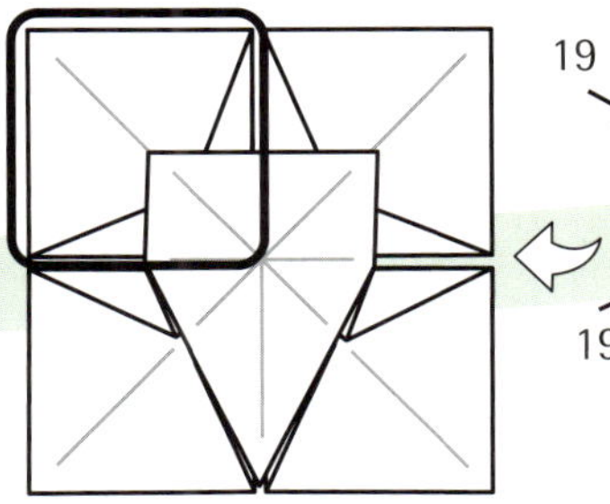

21 Die nächsten Schritte konzentrieren sich auf ein Blatt.

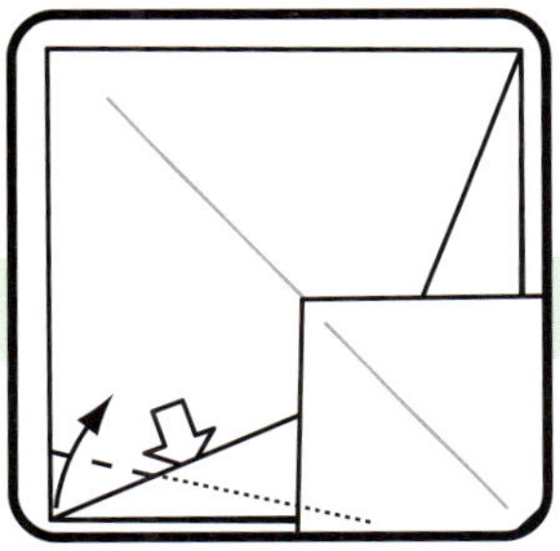

22 Die Kante nach innen verschieben. Dadurch biegt sich das Blatt leicht nach unten weg.

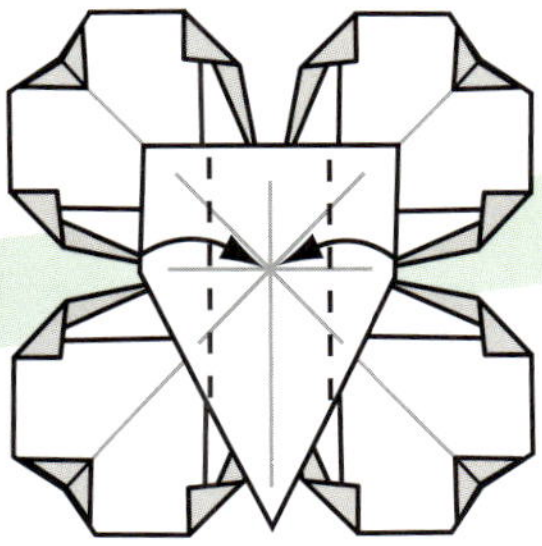

30 Die Seiten zur Mitte falten.

31 Nach unten falten und die Ecken in die Taschen stecken.

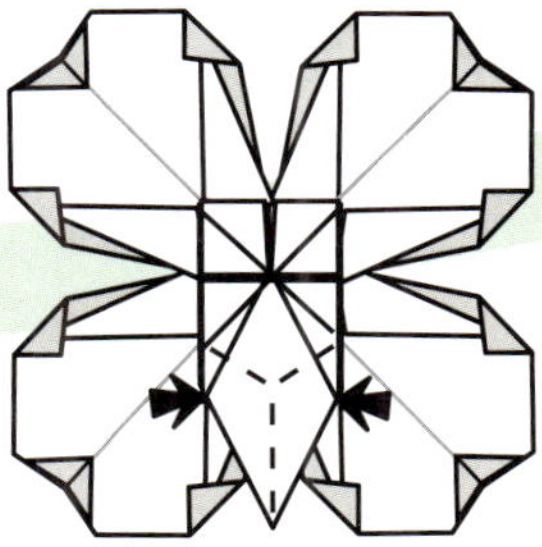

32 Den Stängel formen und das Modell wenden.

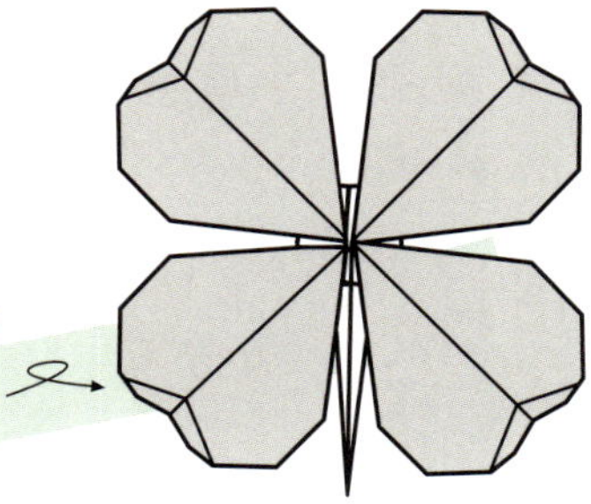

33 Fertiges Kleeblatt.

Fledermaus

Autor: Anna Kastlunger

Schwierigkeitsgrad 5

Der vollständige Name lautet „Tesselation-Fledermaus“, er kommt von der Struktur am Rücken, die in Origamikreisen als Tesselation (= Mosaik) bezeichnet wird. Dieses Modell verwendet dieselbe Ausgangsform wie das Kleeblatt.

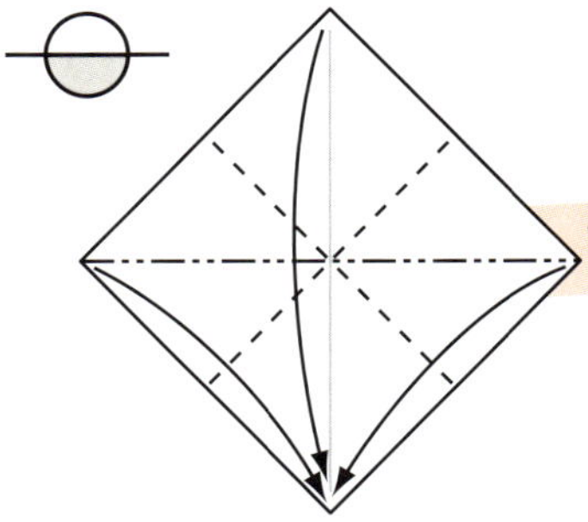

1 Ein zusammengeschobenes Quadrat (s. S. 17) falten.

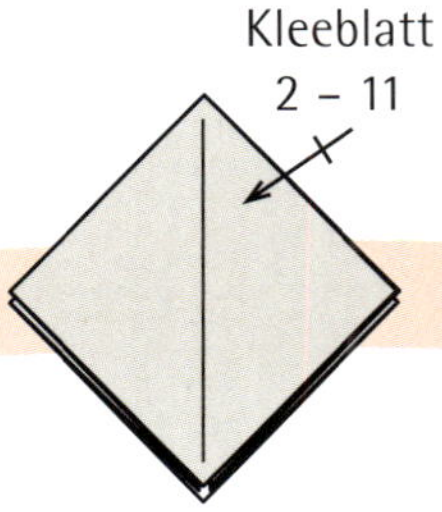

2 Schritte 2 bis 11 des Kleeblattes durchführen. Beachten, dass hier die Farben invertiert sind.

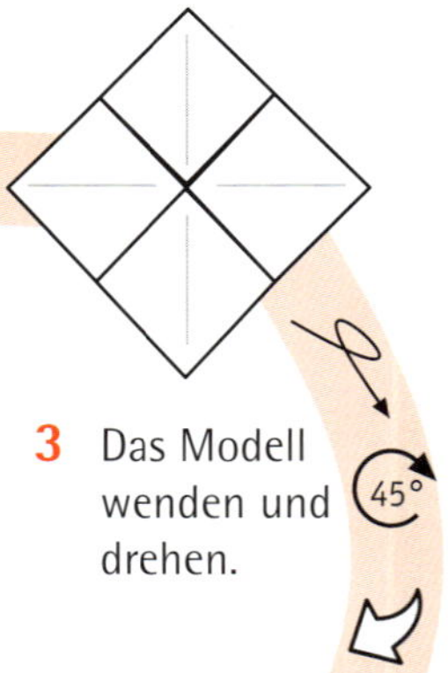

3 Das Modell wenden und drehen.

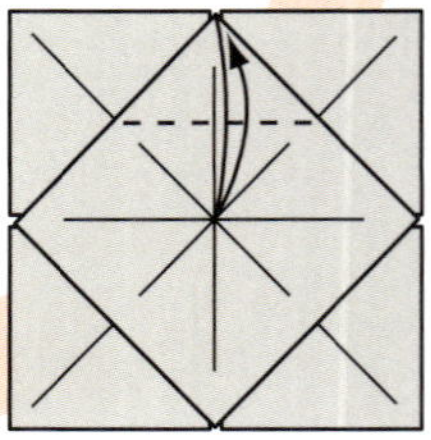

4 Die Ecke zur Mitte falten und entfalten.

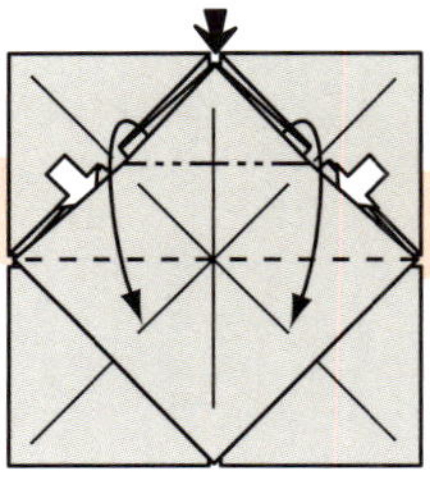

5 Die Seiten nach unten falten und dabei die Ecke flach drücken.

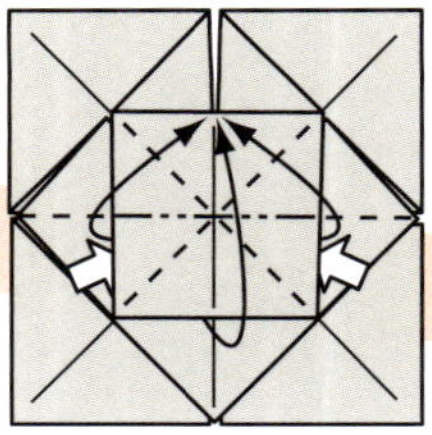

6 Die Lasche nach oben falten und dabei die Seiten des kleinen Quadrats nach innen bringen.

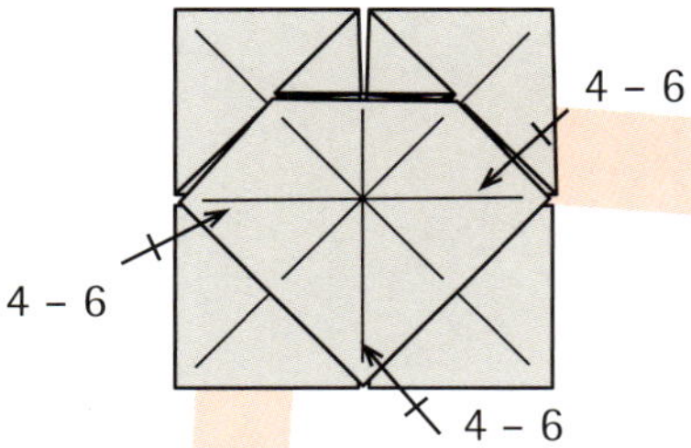

7 Die Schritte 4 bis 6 mit den drei anderen Ecken wiederholen.

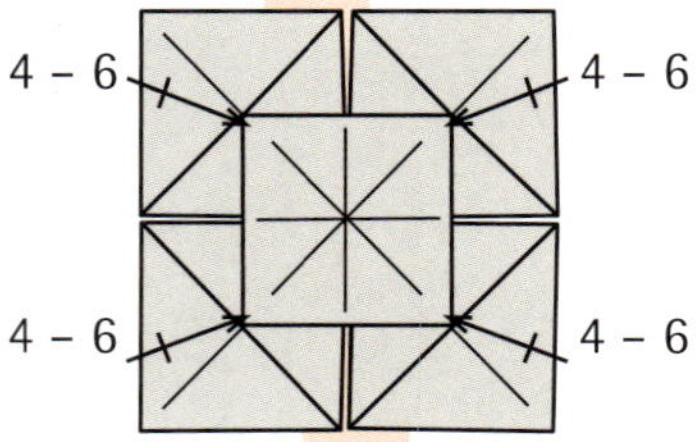

8 Die Schritte 4 bis 6 mit den Ecken des neuen, kleineren Quadrats wiederholen.

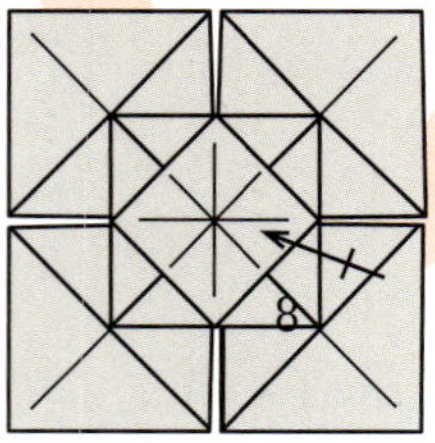

9 Schritt 8 beliebig wiederholen.

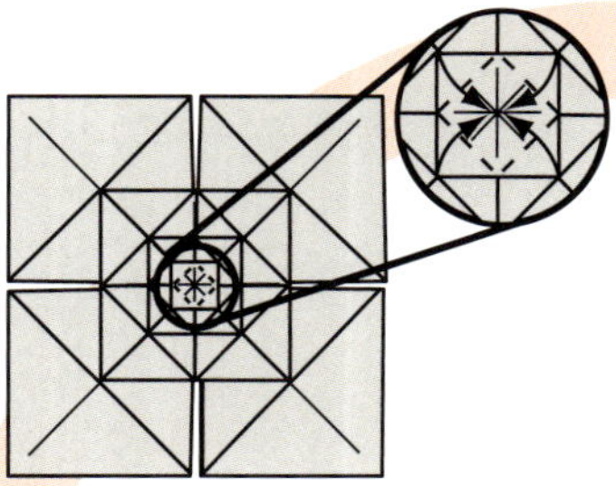

10 Beim letzten Quadrat alle Ecken zur Mitte falten.

11 Die Tesselation ist fertig. Das Modell wenden.

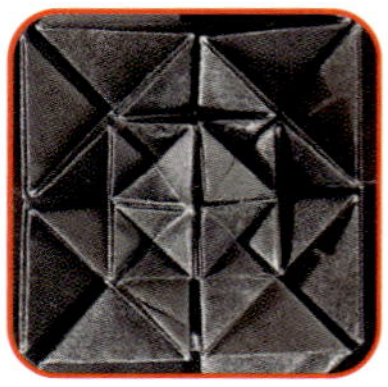

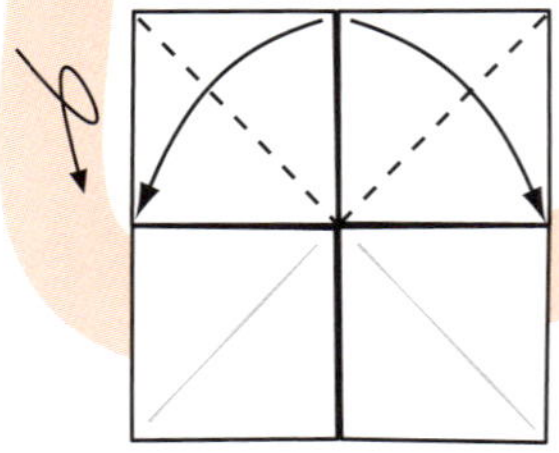

12 Die Seiten nach außen klappen, nicht fest falten.

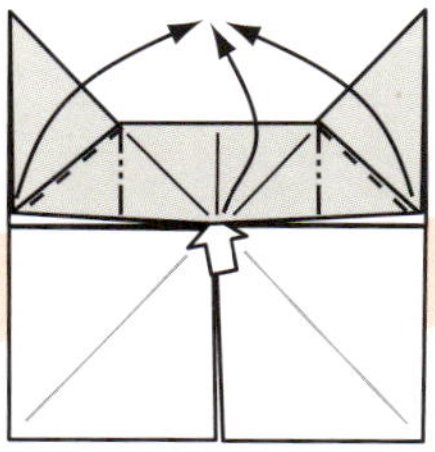

13 Eine Lage nach oben ziehen, die Seiten zurückklappen und das Modell mit den gezeigten Faltungen glätten.

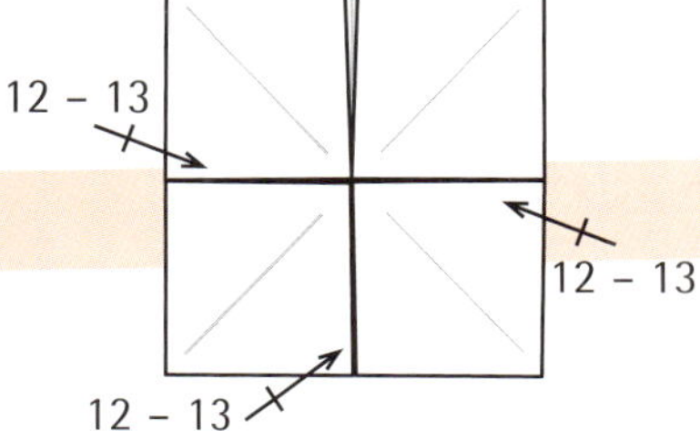

14 Die Schritte 12 bis 13 auf den drei anderen Seiten wiederholen.

15 Das Modell wenden und drehen.

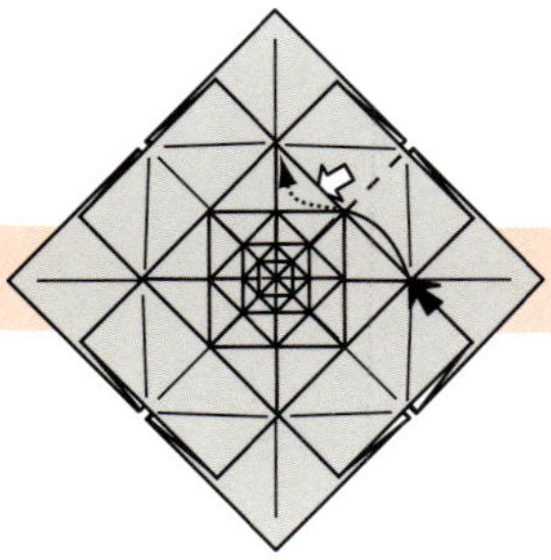

16 Einen inneren Gegenbruch (s. S. 12) unter der Struktur in der Mitte ausführen.

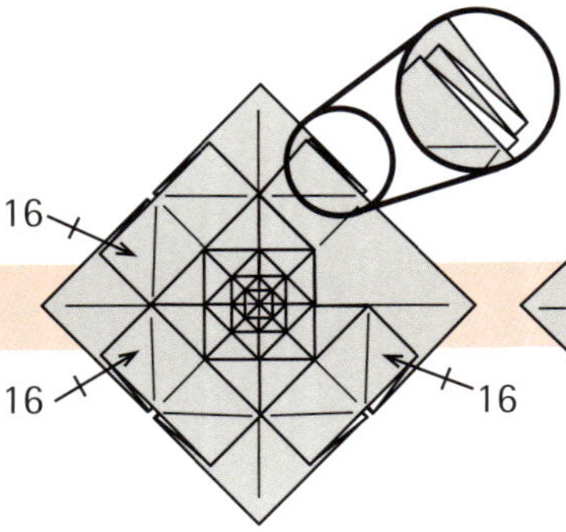

17 Schritt 16 dreimal wiederholen.

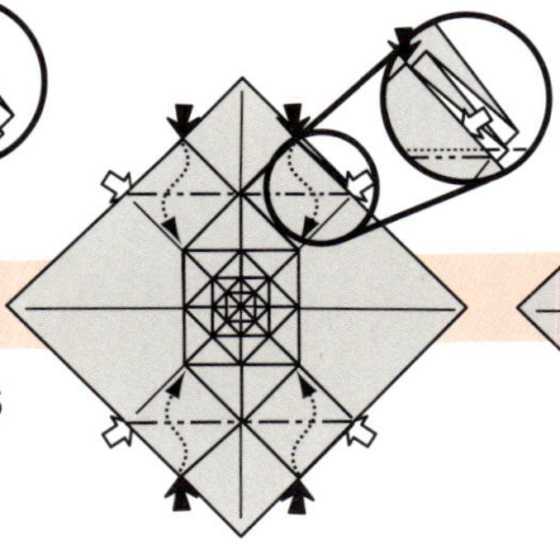

18 Die vier zuoberst liegenden Dreiecke mit Gegenbrüchen nach innen bringen.

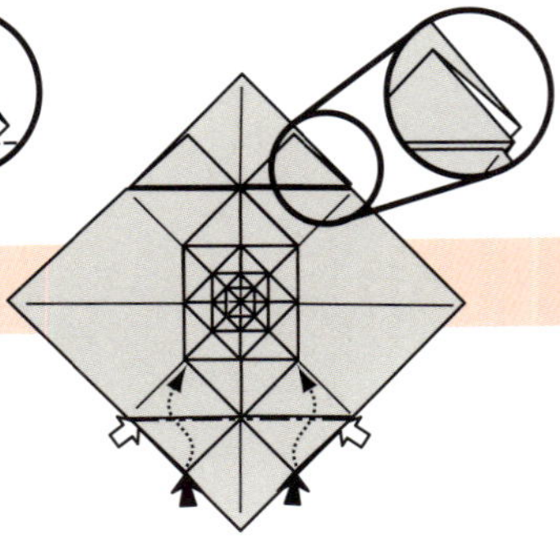

19 Unten auch die zwei weiteren Dreiecke nach innen bringen.

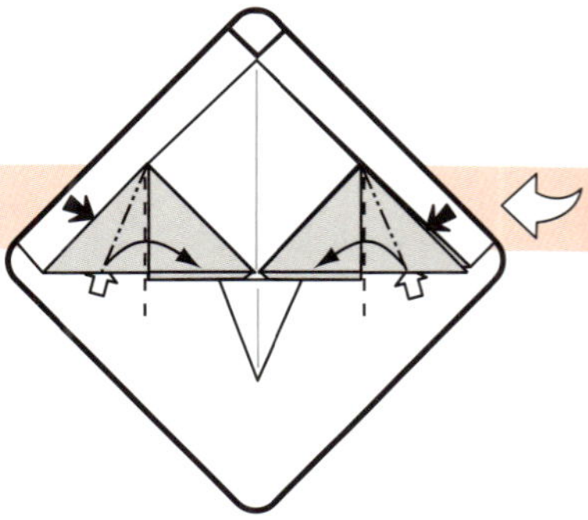

28 Die Füße mit Quetschfaltungen (s. S. 25) formen.

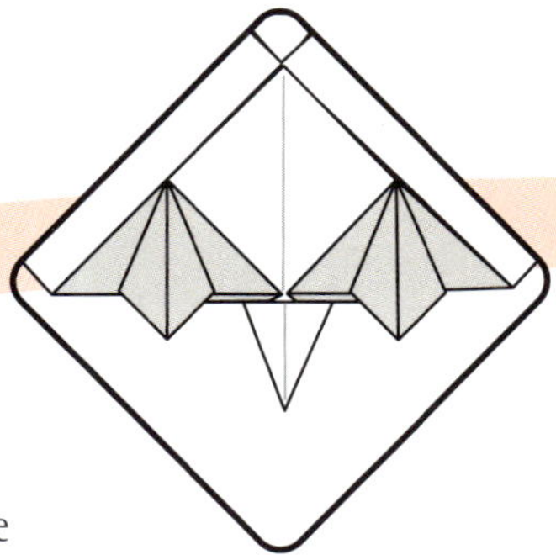

29 Füße und Schwanz sind fertig.

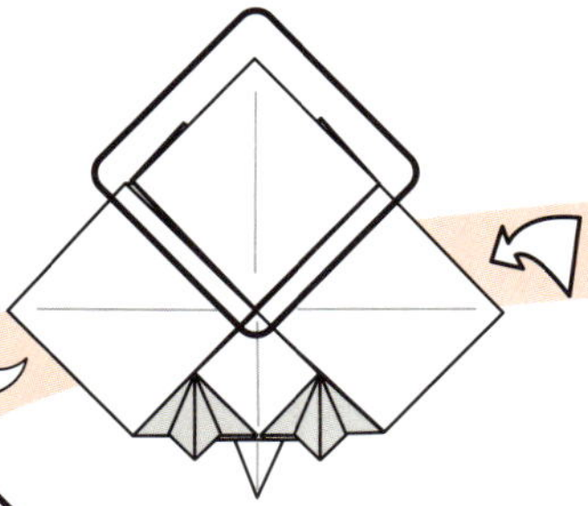

30 Die nächsten Schritte zeigen nur den Kopf (oberes Quadrat).

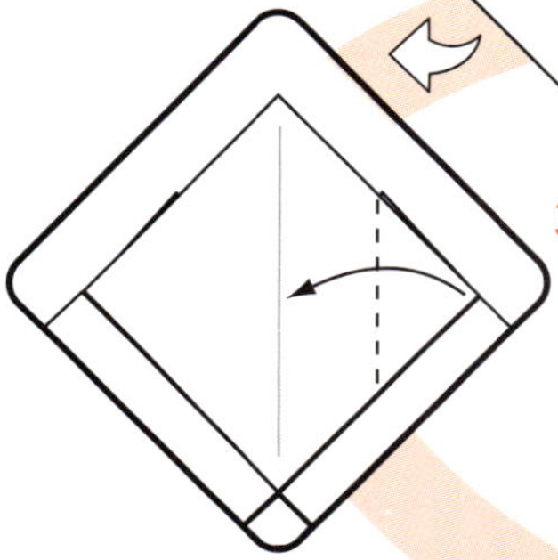

31 Die Ecke zur Mitte falten.

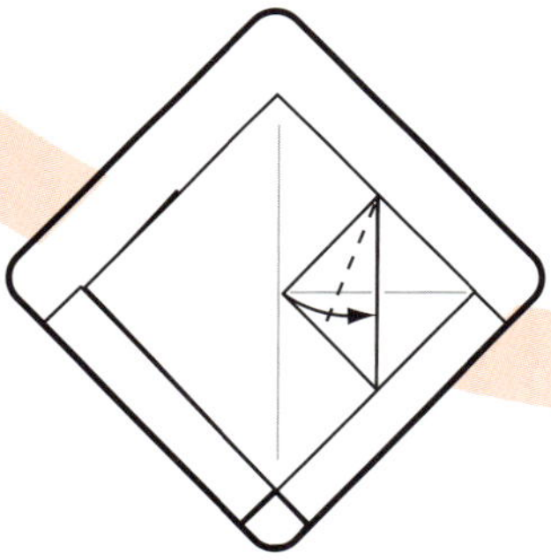

32 Die Ecke auf die Kante falten.

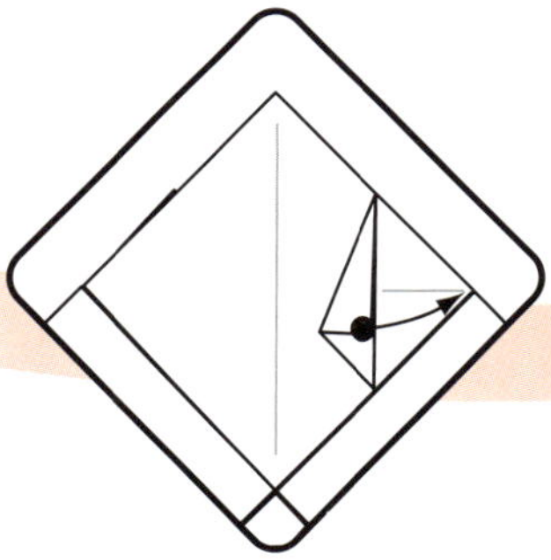

33 Wieder entfalten.

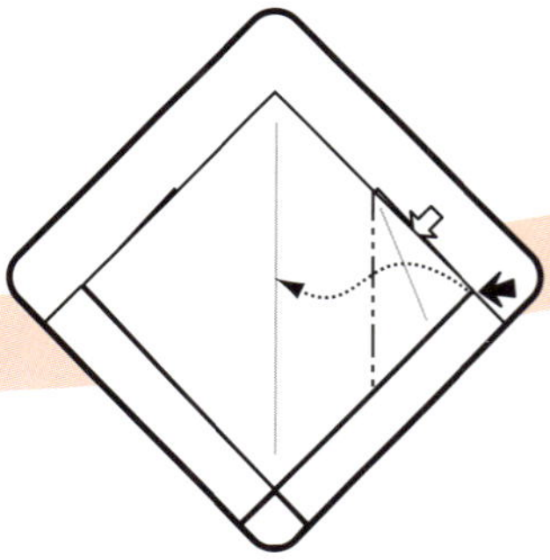

34 An der Vorfaltung einen inneren Gegenbruch (s. S. 12) ausführen.

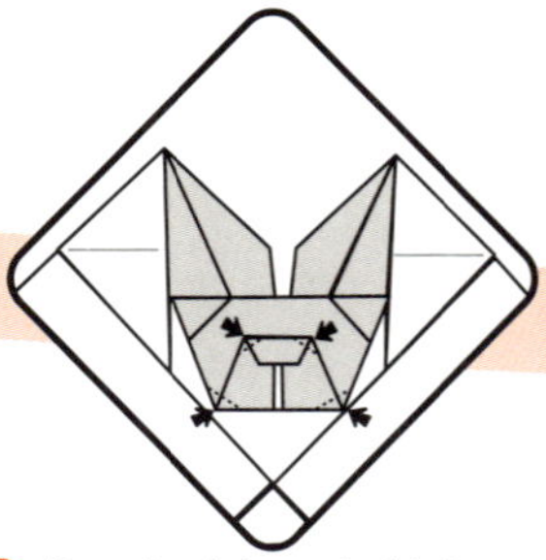

42 Das Gesicht mit kleinen Bergfalten abrunden.

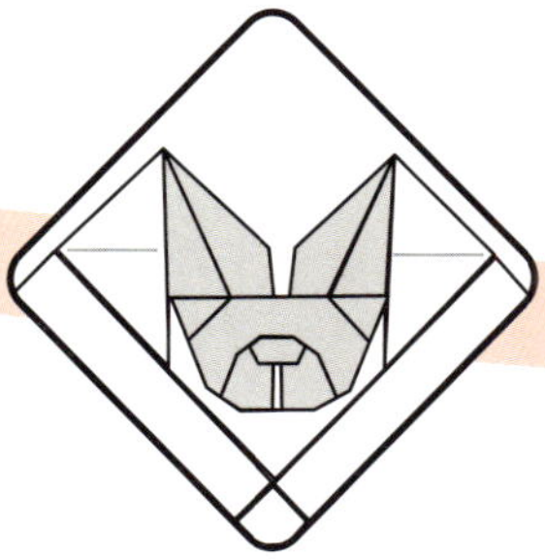

43 Das fertige Gesicht.

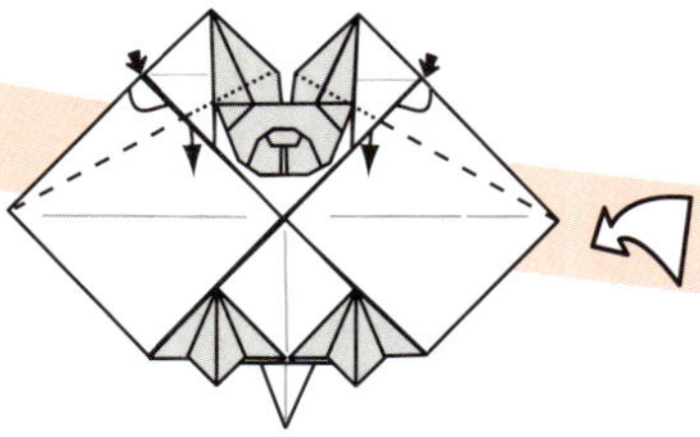

44 Die Seiten der Flügel nach unten falten und hinter dem Kopf mit inneren Gegenbrüchen glätten.

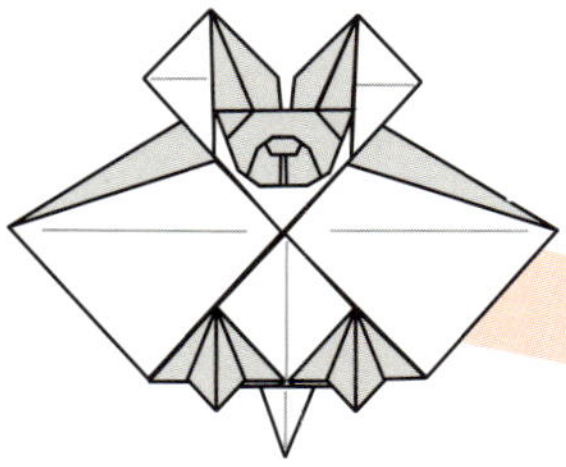

45 Fertige Fledermaus.

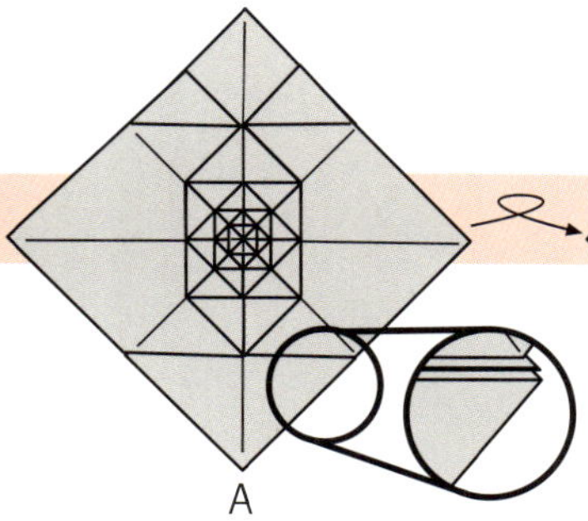

20 Das Modell wenden. Darauf achten, dass die untere Ecke (A) unten bleibt.

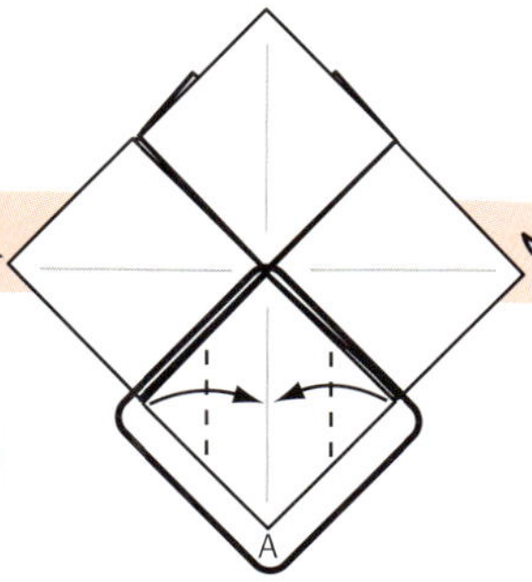

21 Die Ecken zur Mitte falten. Die nächsten Schritte zeigen nur das untere Quadrat.

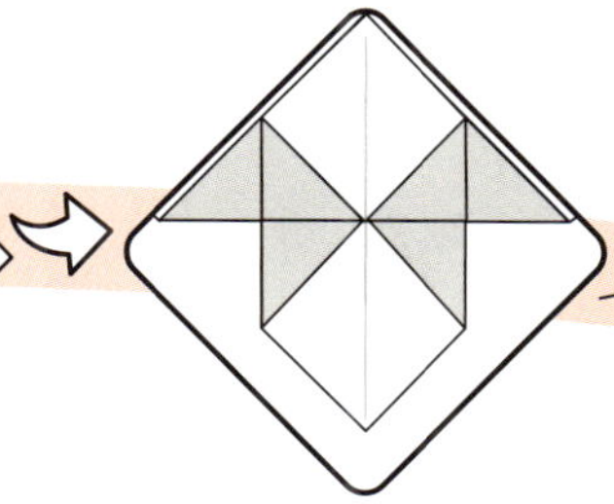

22 Das Modell wenden.

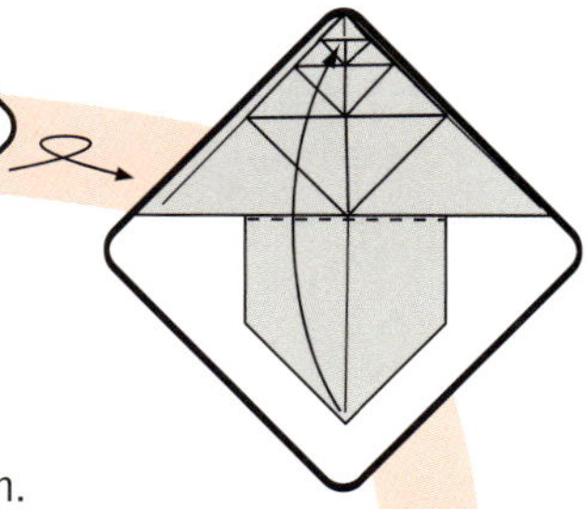

23 Entlang der Kante nach oben falten.

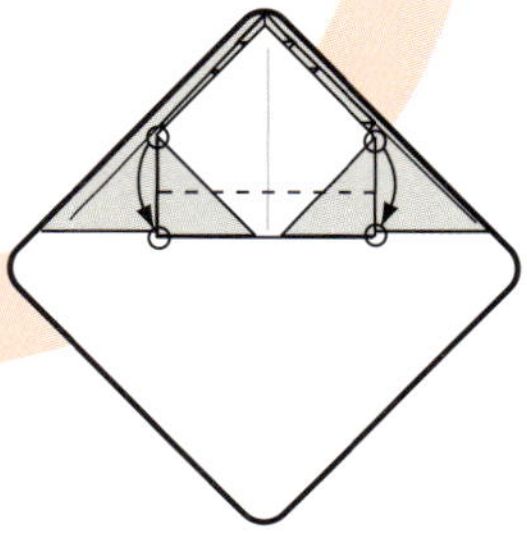

24 Nach unten falten, sodass die Ecken auf der Kante liegen.

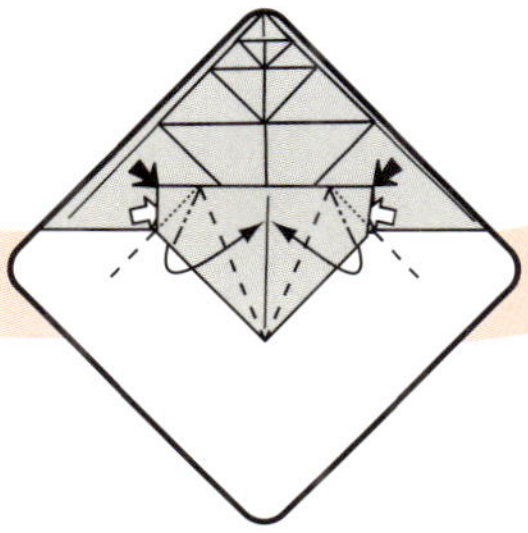

25 Die Seiten zur Mitte falten und dabei die Ecken glatt drücken.

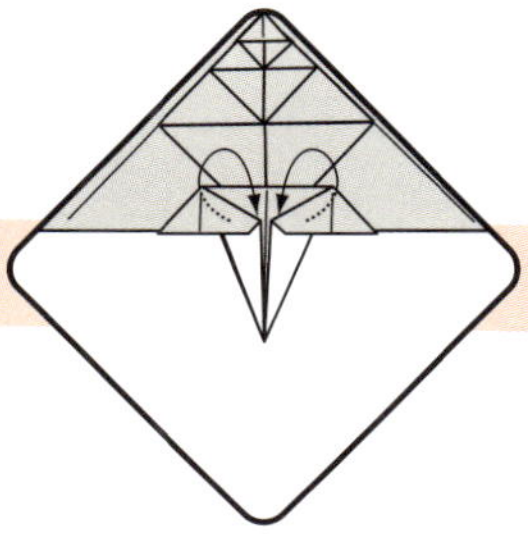

26 Die hinteren Lagen nach vorn bringen.

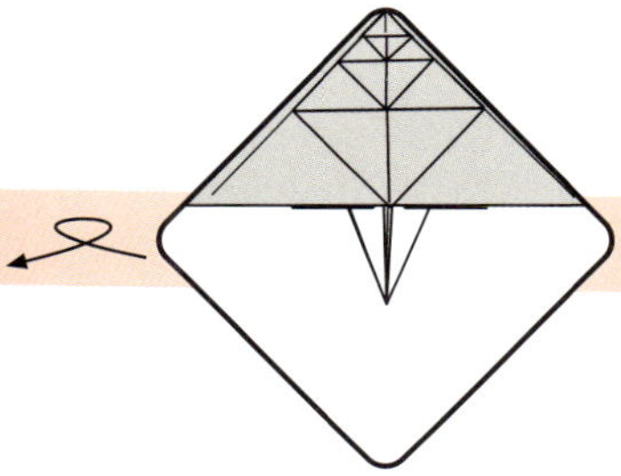

27 Das Modell wenden.

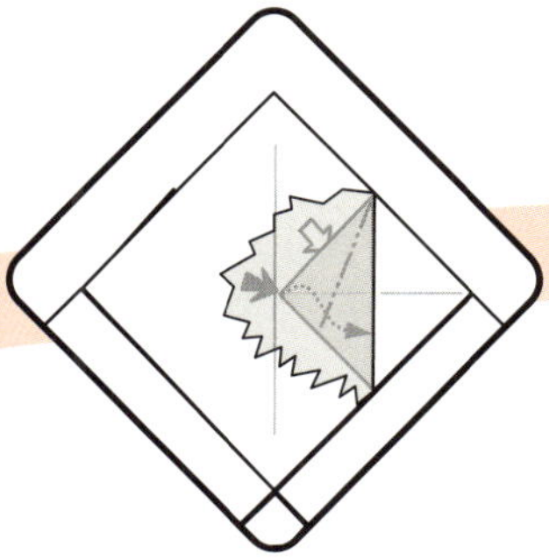

35 Die Ecke mit einem Gegenbruch an der Vorfaltung zurück nach außen bringen.

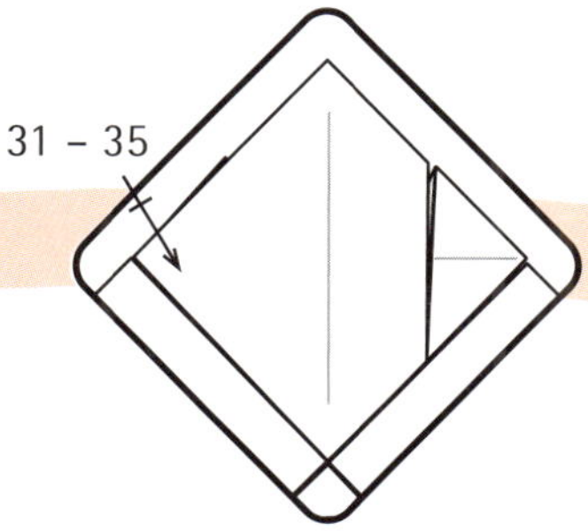

36 Schritte 31 bis 35 auf der linken Seite wiederholen.

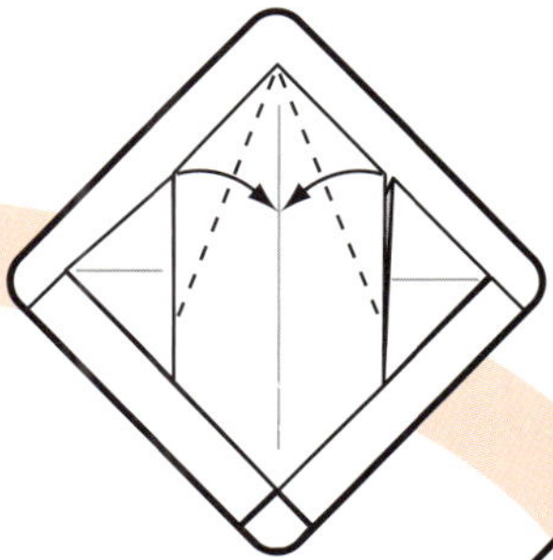

37 Die Seiten zur Mitte falten.

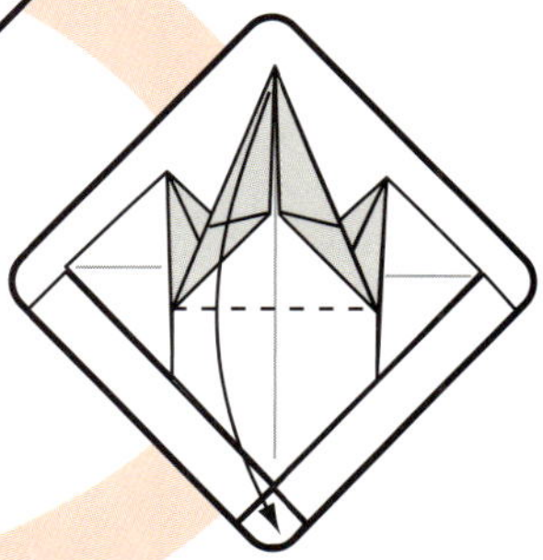

38 Die Spitze so weit wie möglich nach unten falten.

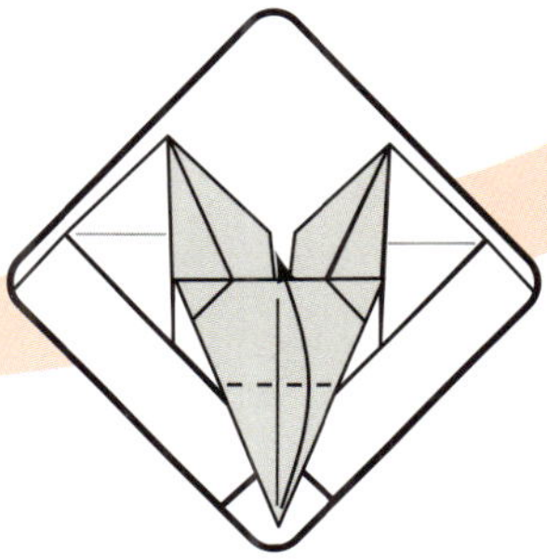

39 Die Spitze nach oben falten.

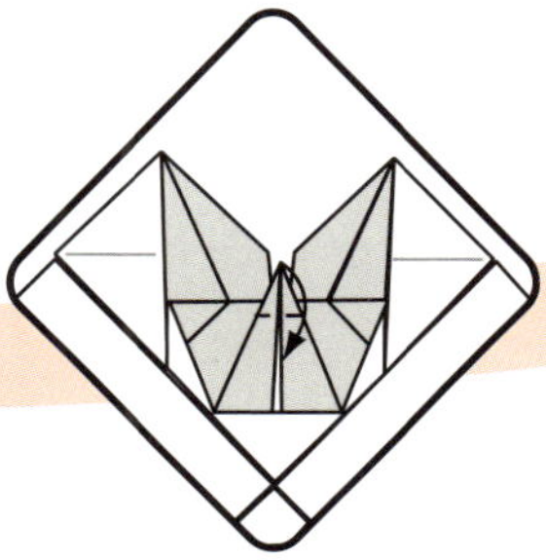

40 Die Spitze nach unten falten.

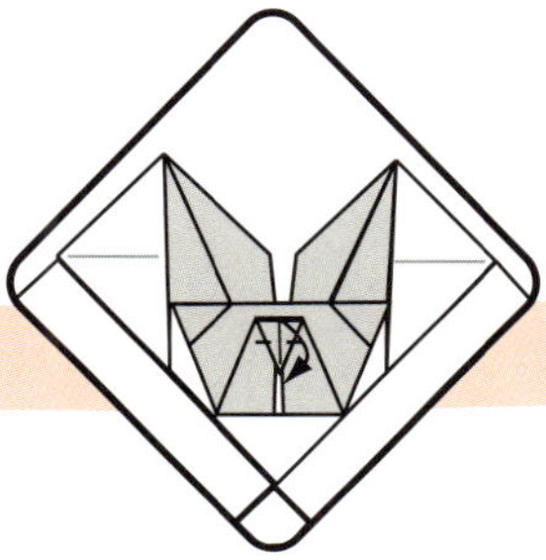

41 Die Lagen gemeinsam nach unten falten.

Lotus

Abbildung Seite 56

Autor: Gerwin Sturm

Schwierigkeitsgrad 4

Diese Lotusblume ist eine weitere Abwandlung der einfachen Blüte von Seite 20.

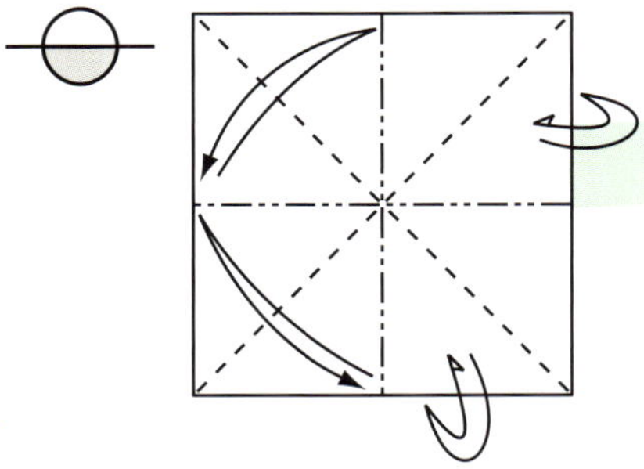

1 Vorfalten.

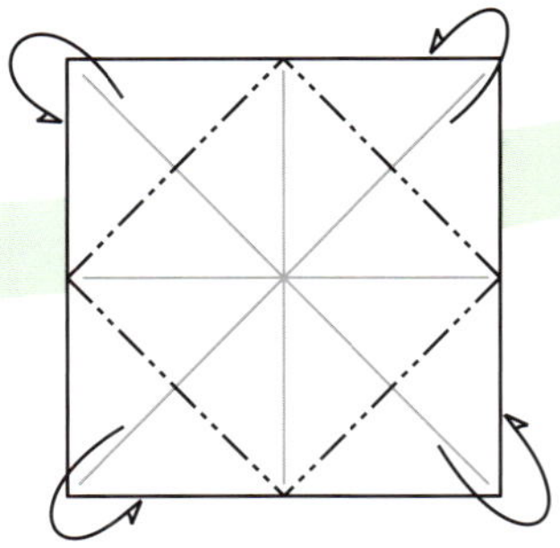

2 Die Ecken nach hinten zur Mitte falten (Bergfalten).

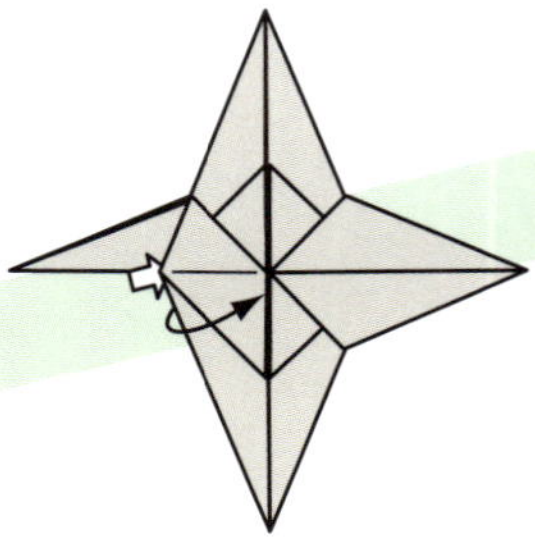

13 Die Lasche anheben.

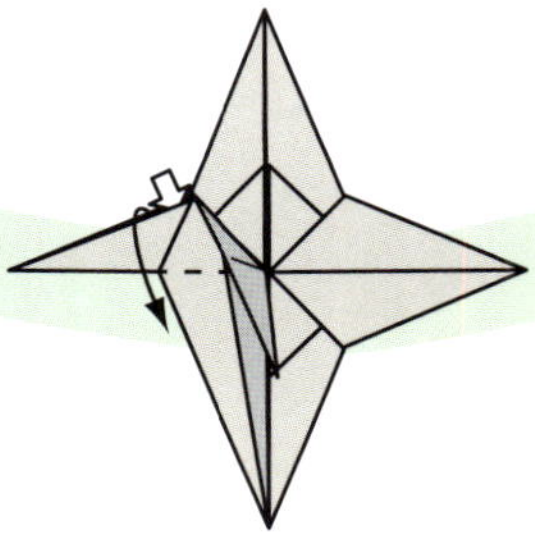

14 Eine Lasche nach unten falten.

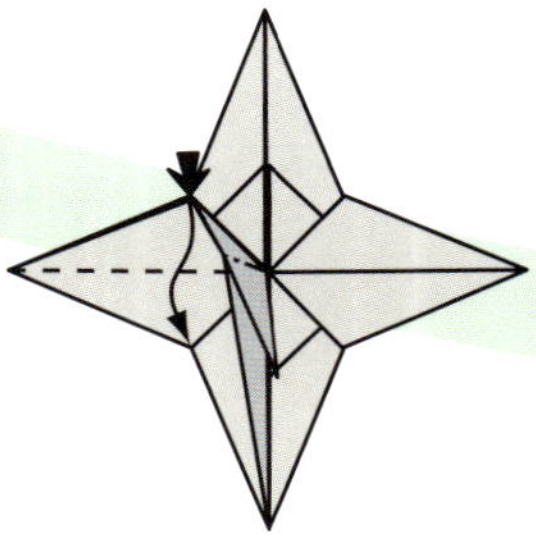

15 Die Ecke ähnlich wie bei einem inneren Gegenbruch nach unten bringen.

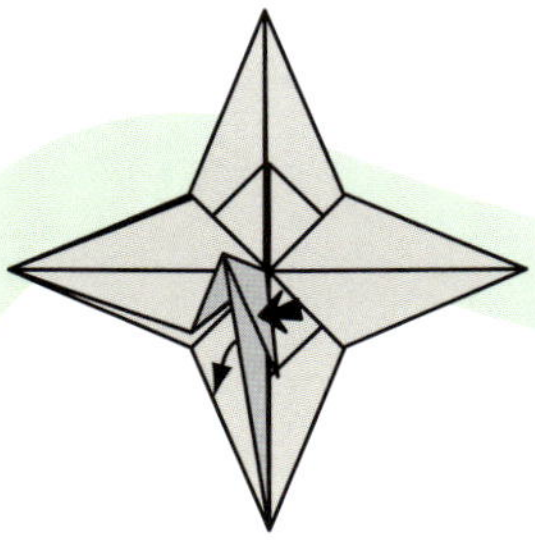

16 Das Modell flach drücken.

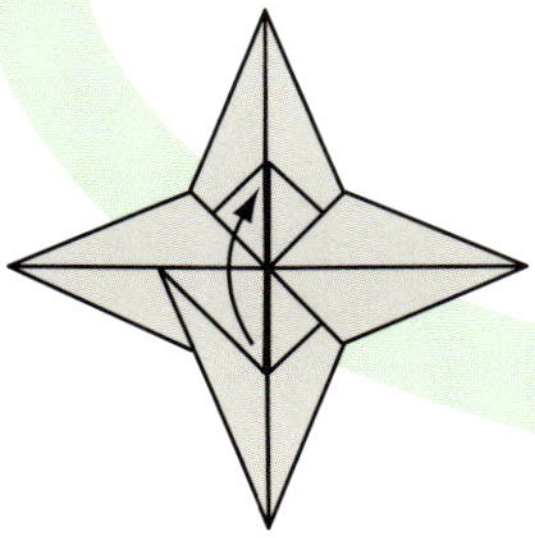

17 Die kleine Ecke nach oben klappen.

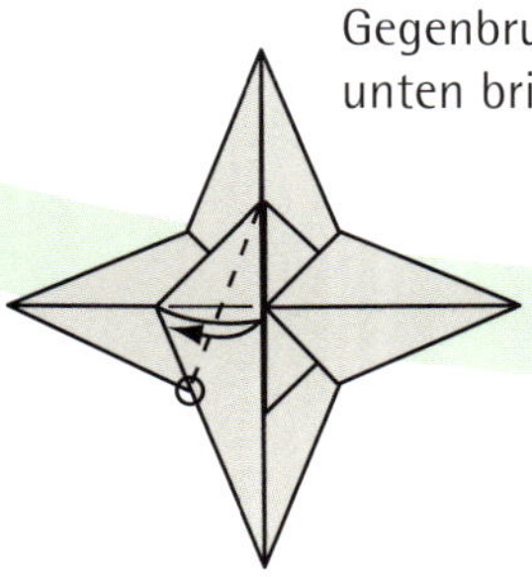

18 Die Ecke zur Mitte falten und entfalten.

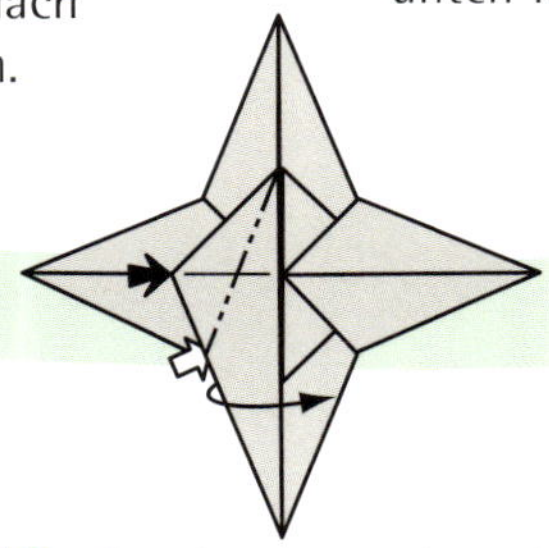

19 Eine Lasche nach rechts klappen und dabei die Ecke mit den Vorfaltungen flach drücken.

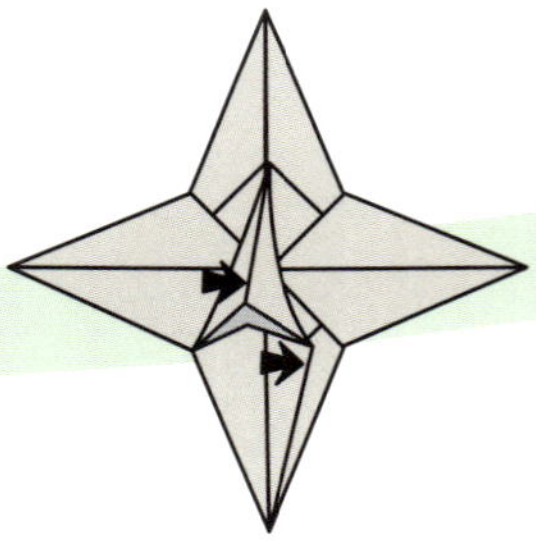

20 Die Ecke flach drücken und das Modell glätten.

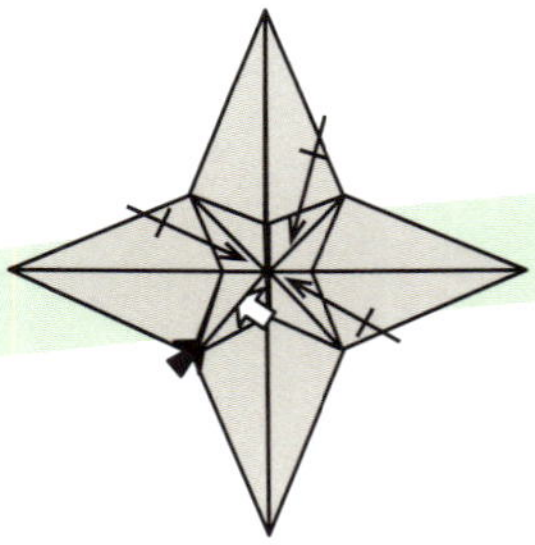

29 Die inneren Blätter in der Mitte öffnen, aufrichten und formen.

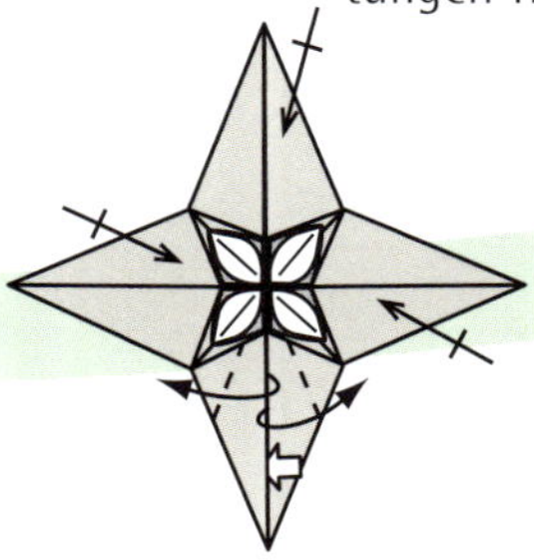

30 Die äußeren Blätter öffnen und formen.

31 Fertige Lotusblume.

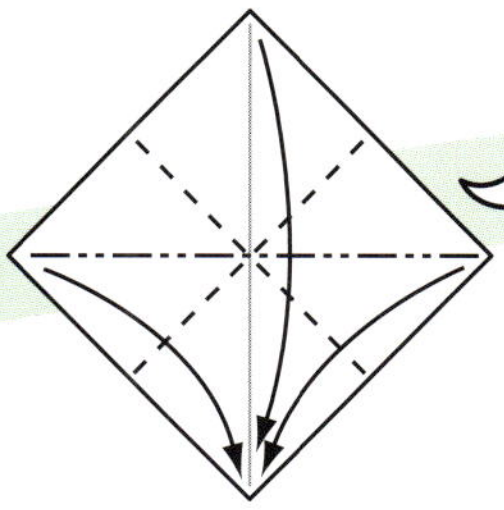

3 Ein zusammengeschobenes Quadrat (s. S. 17) falten.

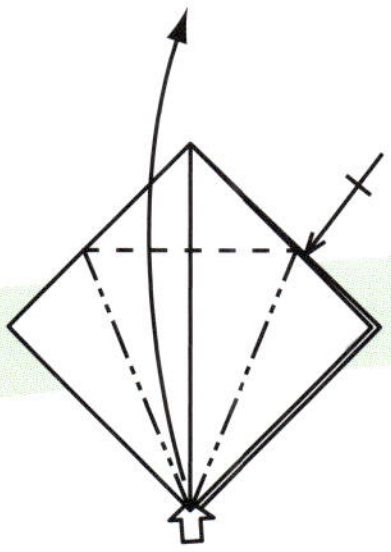

4 Eine Blütenblattfaltung (s. S. 16) ausführen. Auf der Rückseite wiederholen.

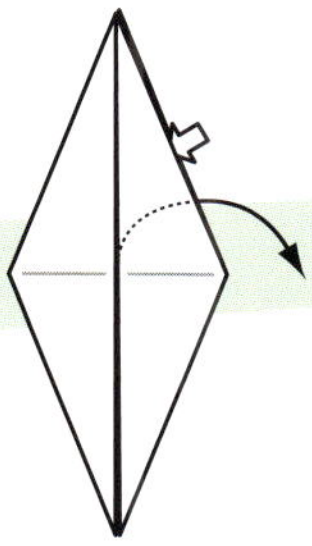

5 Von hinten eine Lage Papier herausziehen.

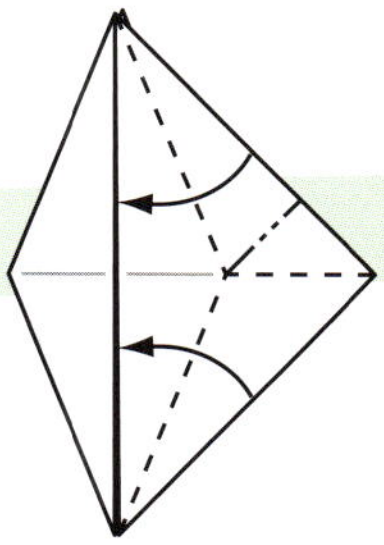

6 An den vorhandenen Faltungen eine Hasenohrfaltung (s. S. 13) ausführen.

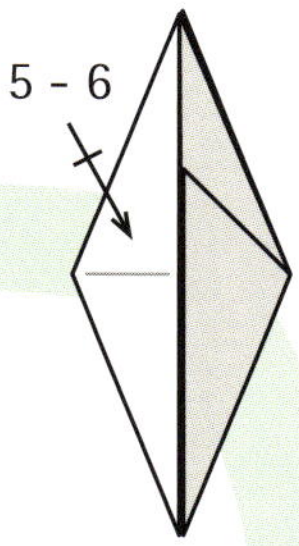

7 Schritte 5 bis 6 links wiederholen.

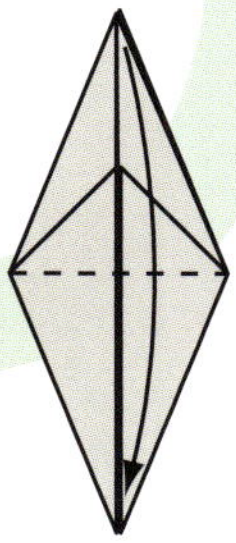

8 Die Spitze zusammen mit den zwei kleinen Dreiecken nach unten falten.

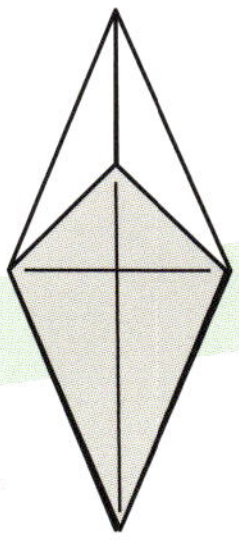

9 Das Modell wenden.

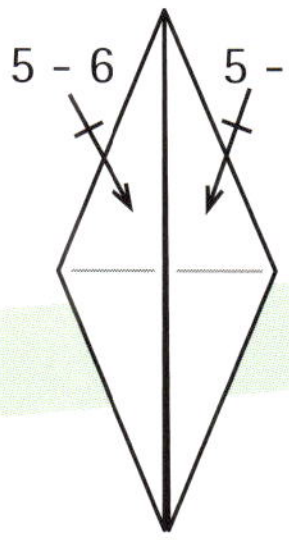

10 Schritte 5 bis 6 auf beiden Seiten wiederholen.

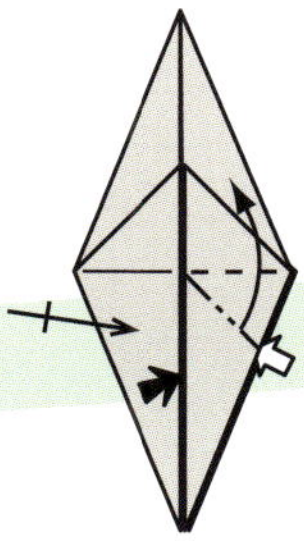

11 Die Lasche seitlich genau in der Mitte öffnen (zwei Lagen auf jede Seite) und eine Quetschfaltung (s. S. 25) machen. Links wiederholen.

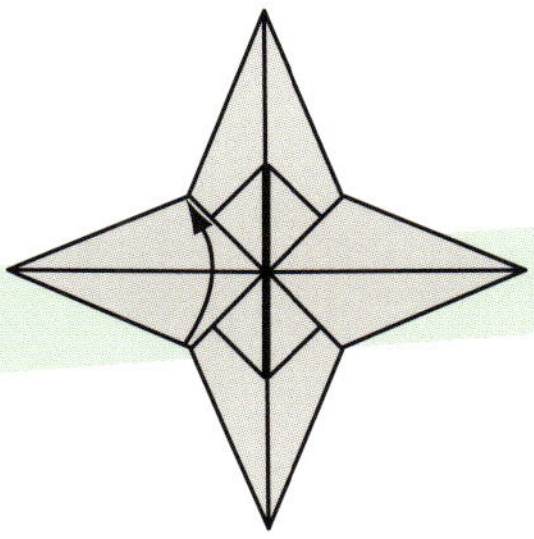

12 Eine Lasche nach oben klappen.

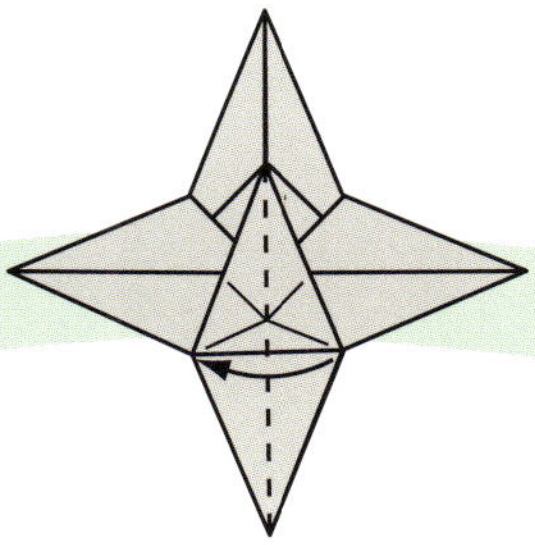

21 Die Lasche zurück nach links falten.

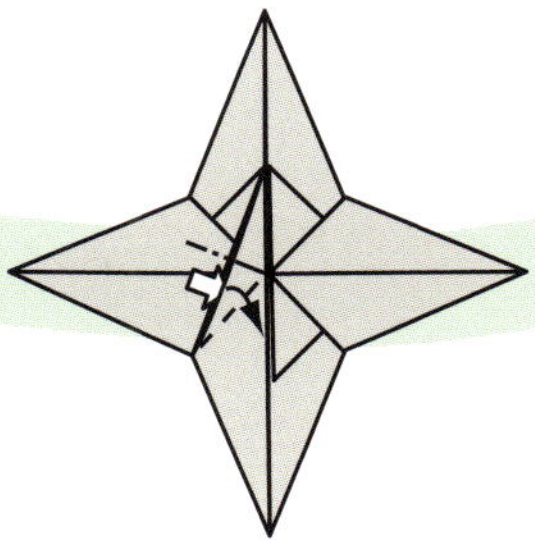

22 Die Lasche in der Mitte öffnen.

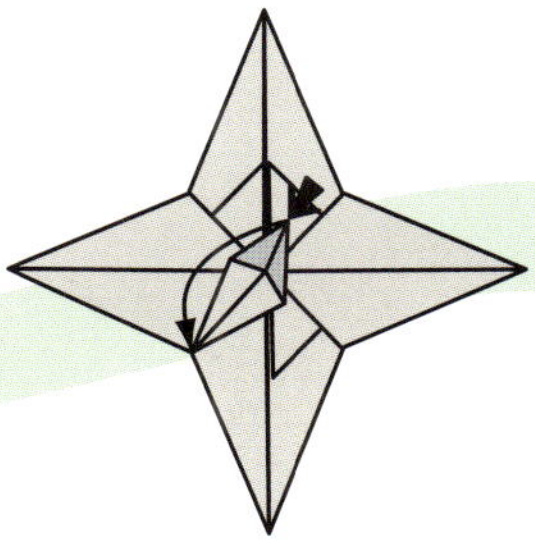

23 Die Spitze nach unten falten und das Modell flach drücken.

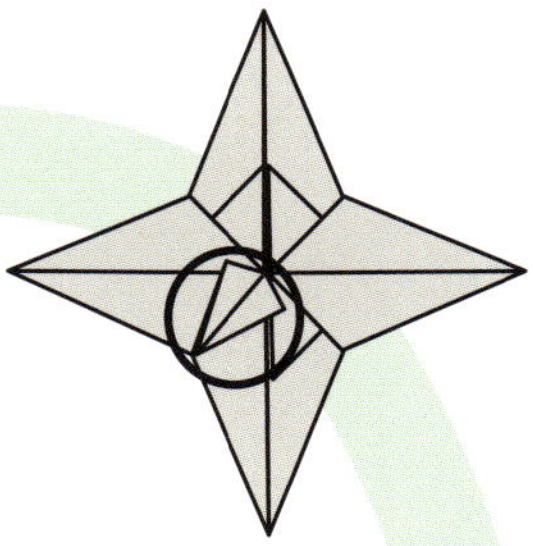

24 Die nächsten Schritte konzentrieren sich auf den gezeigten Bereich.

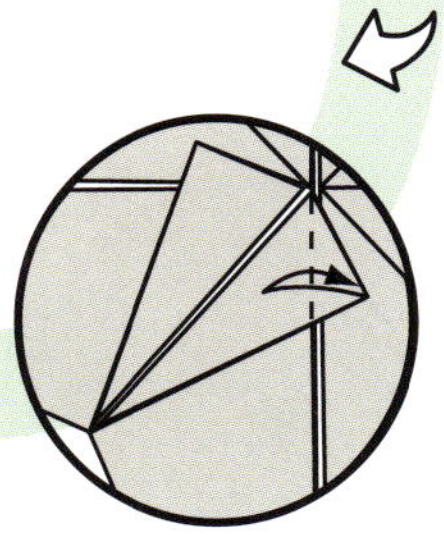

25 Entlang der hinteren Kante falten und entfalten.

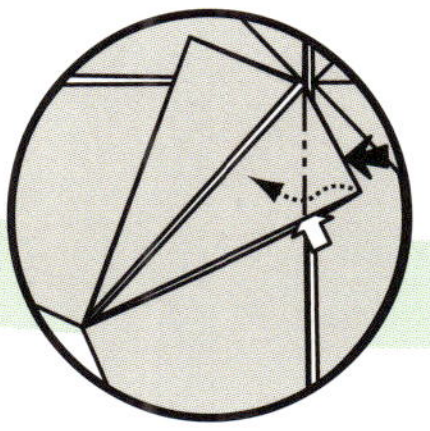

26 Einen inneren Gegenbruch (s. S. 12) an der Vorfaltung ausführen.

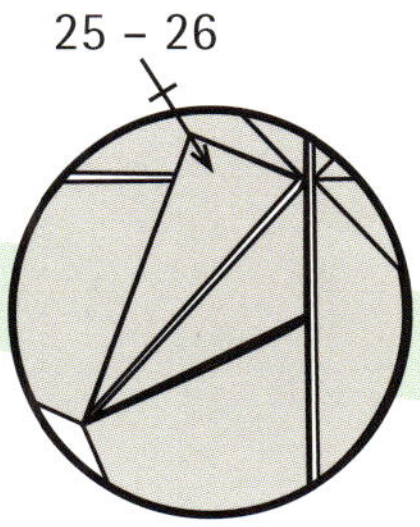

27 Schritte 25 bis 26 auf der anderen Seite wiederholen.

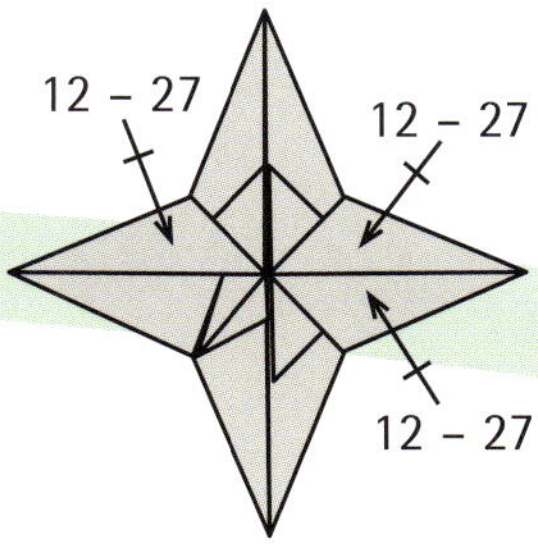

28 Schritt 12 bis 27 auf drei Seiten wiederholen.

Lotus

Anleitung Seite 54/55

Papagei

Anleitung Seiten 58 – 62

Papagei

Abbildung Seite 57

Autor: Gerwin Sturm

Schwierigkeitsgrad 6

Meine ursprüngliche Absicht war es, eine Grundform zu finden, die für verschiedene Vögel verwendet werden kann. Das Ergebnis war die Form in Schritt 28 mit Füßen, Flügeln und einer langen Lasche, aus der man viele verschiedene Köpfe falten kann.

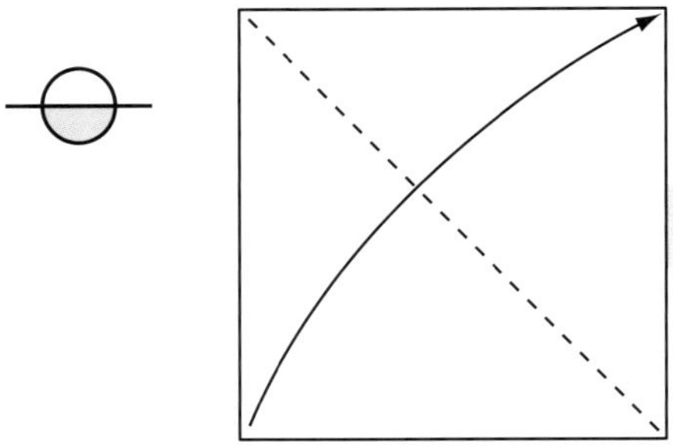

1 Entlang der Diagonale falten.

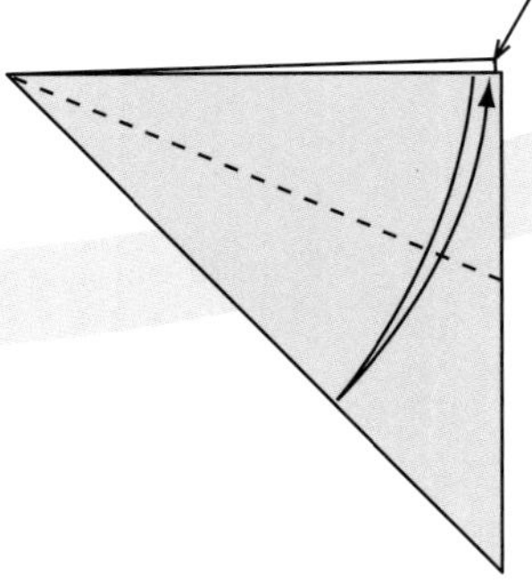

2 Kante auf Kante falten und wieder entfalten. Auf der Rückseite wiederholen.

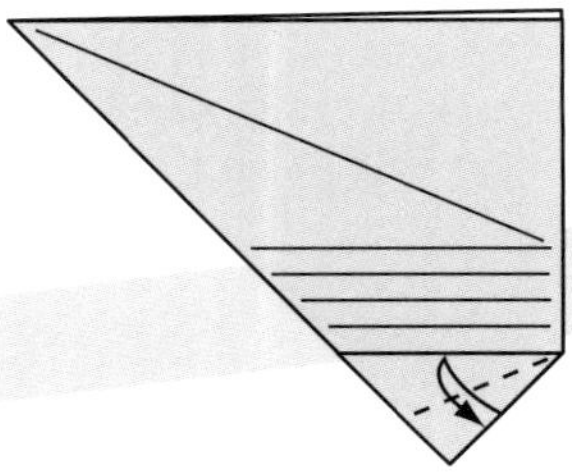

10 Kante zur Kante falten und entfalten.

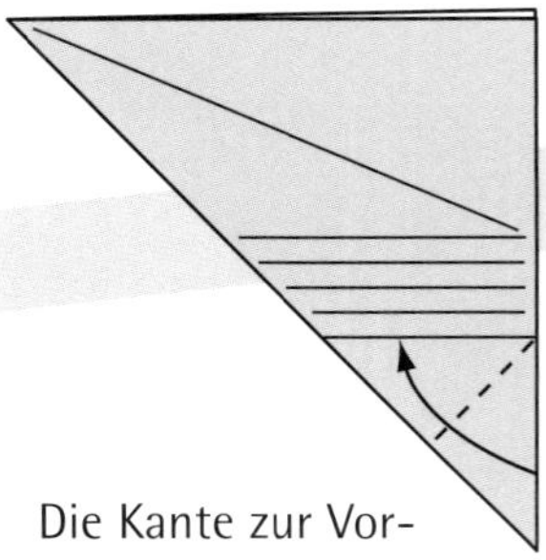

9 Die Kante zur Vorfaltung falten.

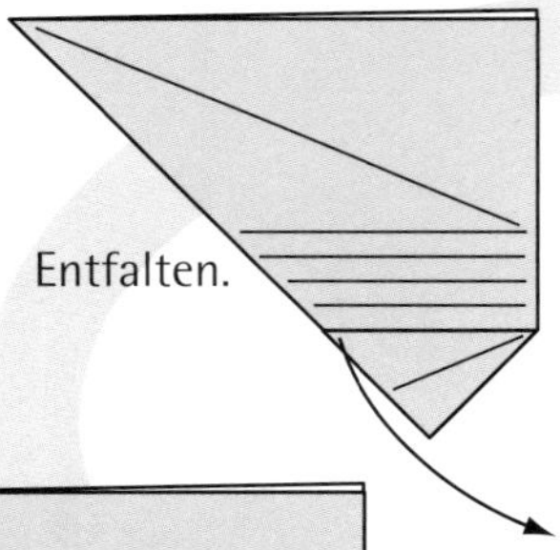

11 Entfalten.

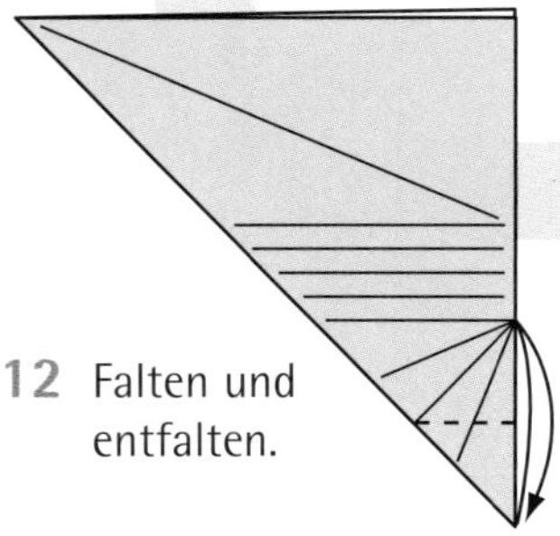

12 Falten und entfalten.

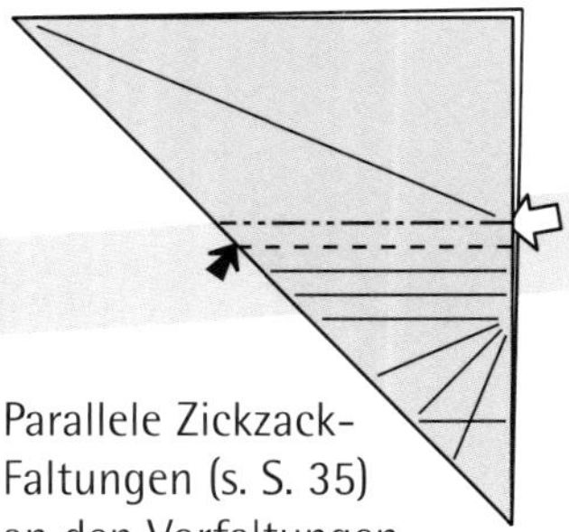

13 Parallele Zickzack-Faltungen (s. S. 35) an den Vorfaltungen ausführen.

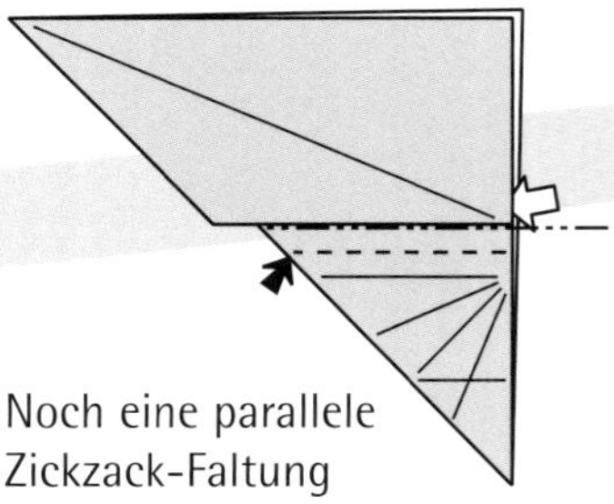

14 Noch eine parallele Zickzack-Faltung ausführen.

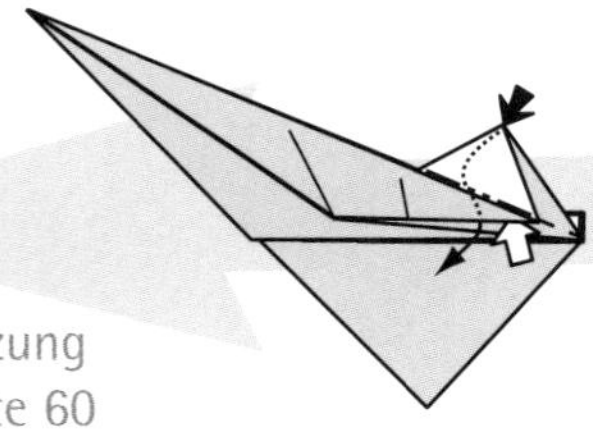

25 Entlang der Kante einen inneren Gegenbruch ausführen.

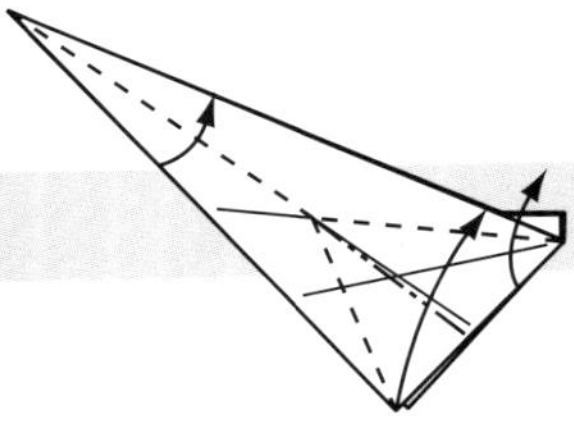

24 Mithilfe der Vorfaltungen ein Hasenohr (s. S. 13) falten. Die Ecke liegt auf der Kante.

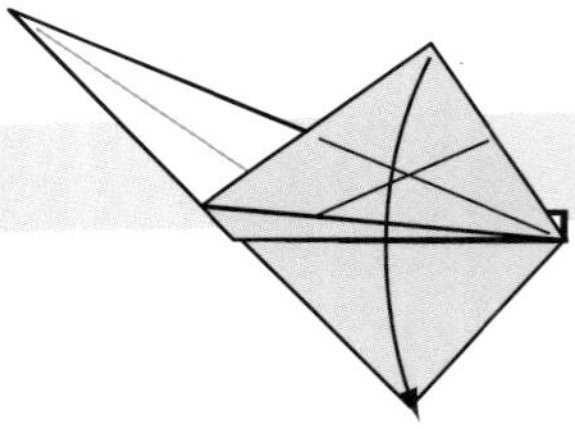

23 Ergebnis von Schritt 22. Wieder entfalten.

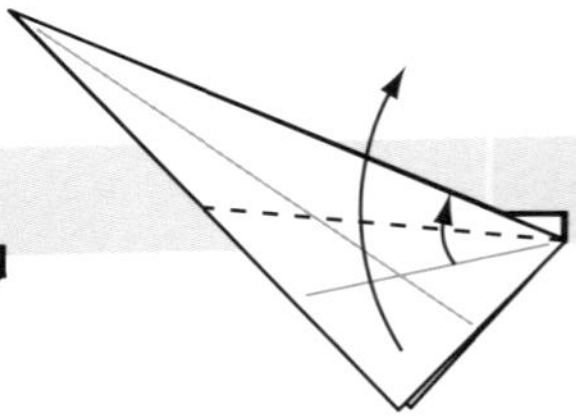

22 So falten, dass die Vorfaltung vom letzten Schritt auf der Kante liegt.

Fortsetzung auf Seite 60

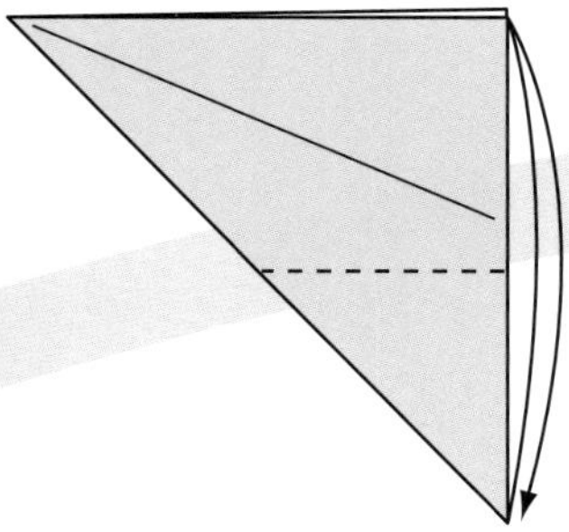

3 Ecke auf Ecke falten und entfalten.

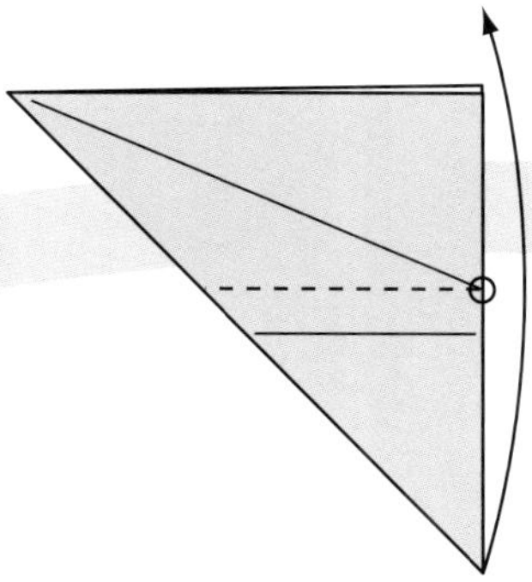

4 Die Ecke nach oben falten, sodass die Faltung genau durch den gezeigten Punkt geht.

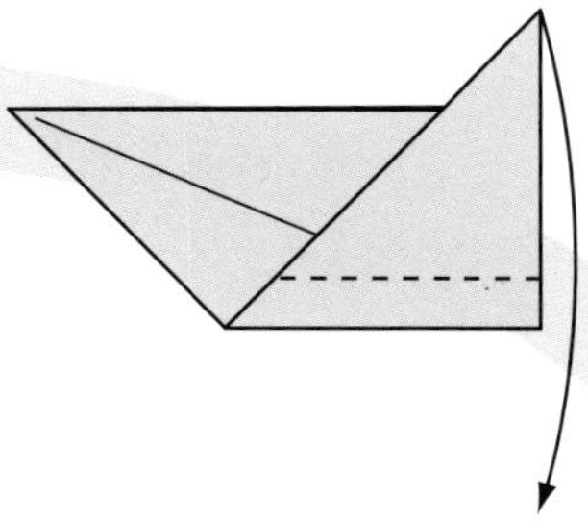

5 An der Vorfaltung nach unten falten.

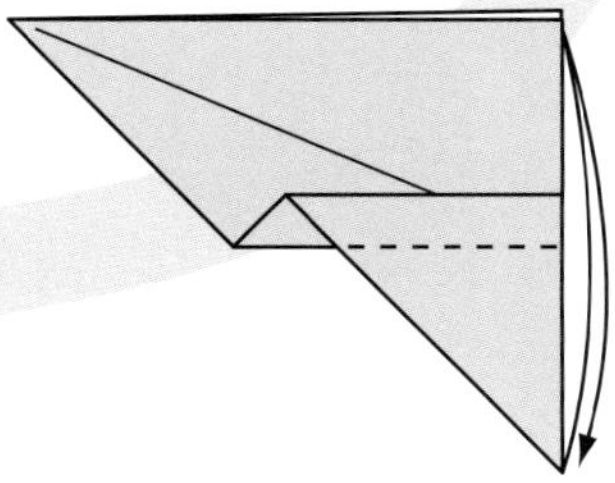

6 Entlang der hinteren Kante falten und entfalten.

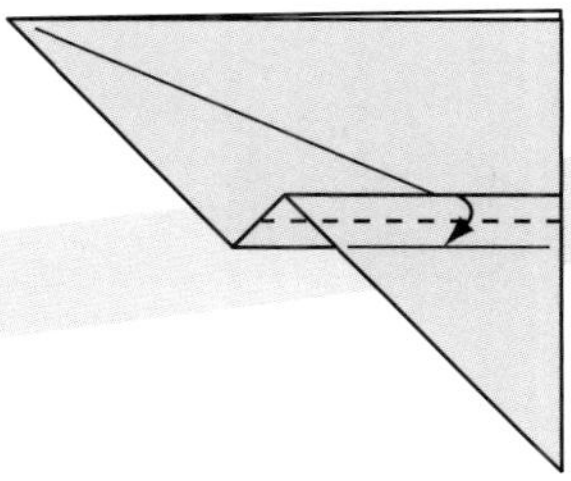

7 Die Kante zur Vorfaltung falten.

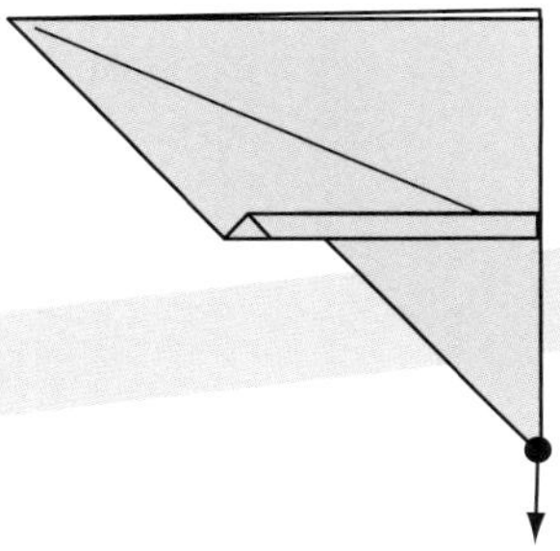

8 Die Ecke nach unten ziehen, um die vorigen Faltungen zu entfalten.

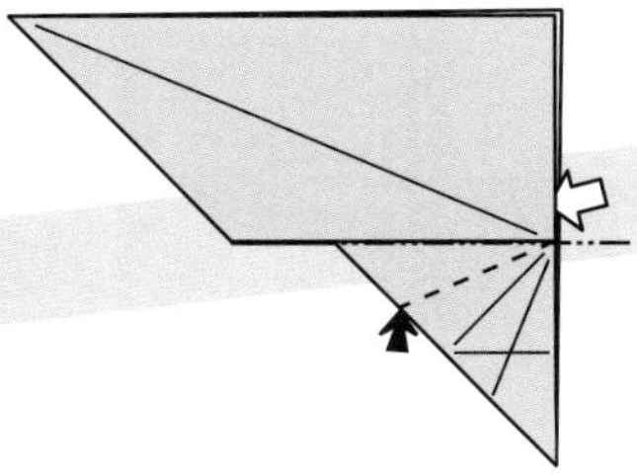

15 Die Ecke mit einer geschlossenen Zickzack-Faltung (s. S. 35) nach links knicken.

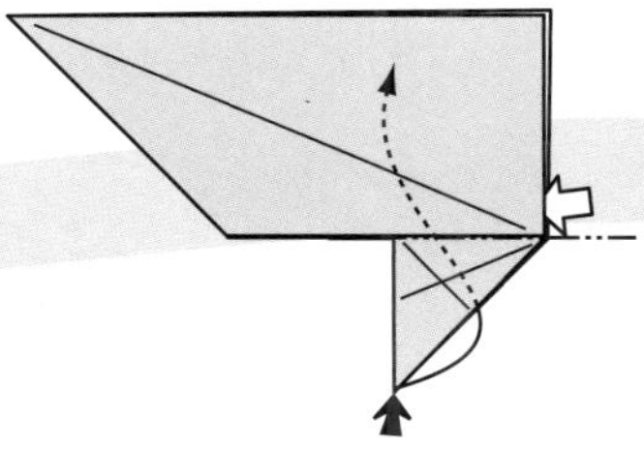

16 Die Ecke mit einem inneren Gegenbruch (s. S. 12) nach oben bringen.

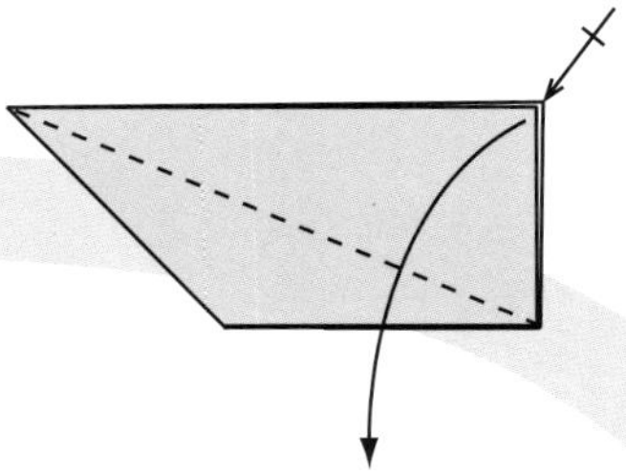

17 An der Vorfaltung nach unten falten. Auf der Rückseite wiederholen.

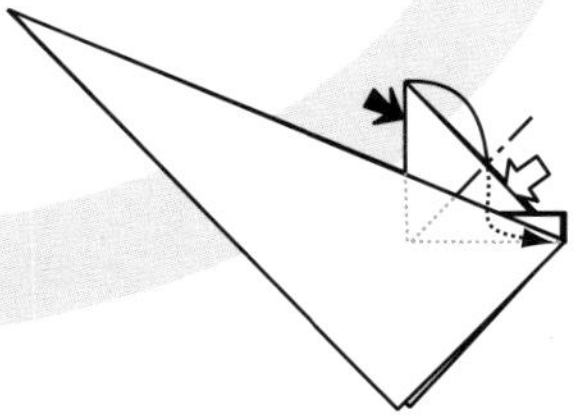

18 Einen inneren Gegenbruch an der Vorfaltung ausführen.

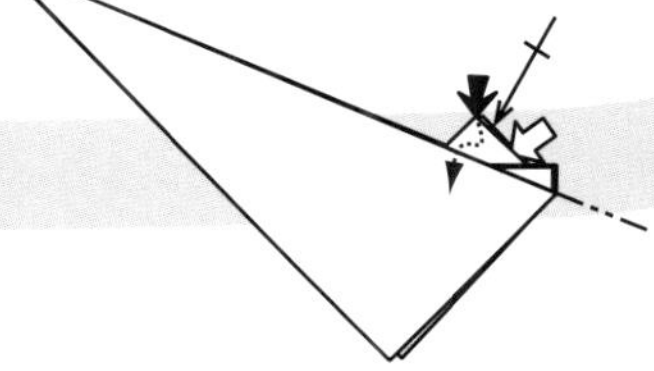

19 Einen inneren Gegenbruch an der Vorfaltung ausführen. Auf der Rückseite wiederholen.

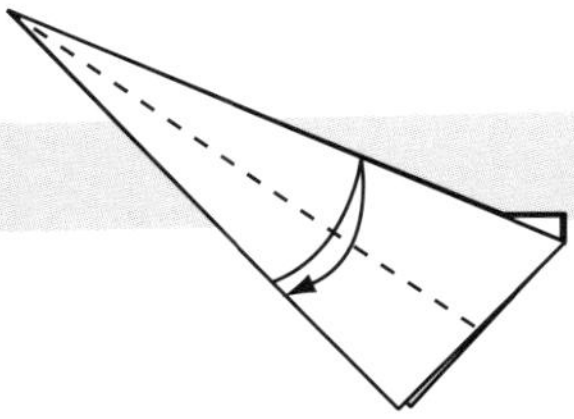

20 Kante auf Kante falten und entfalten.

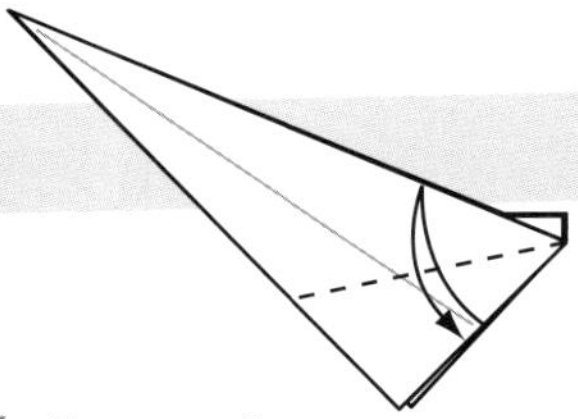

21 Kante auf Kante falten und entfalten.

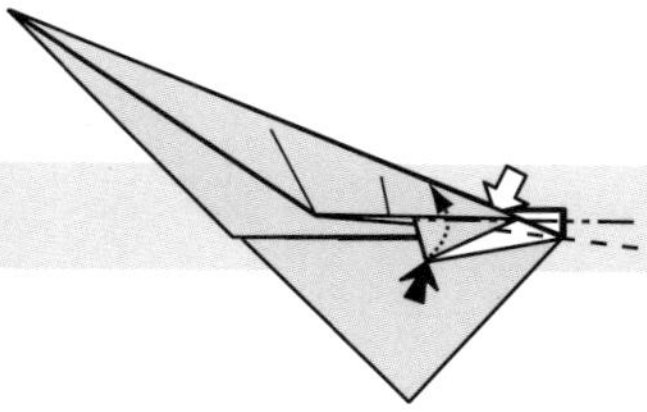

26 Die Ecke mit einem inneren Gegenbruch zurück zur Kante bringen.

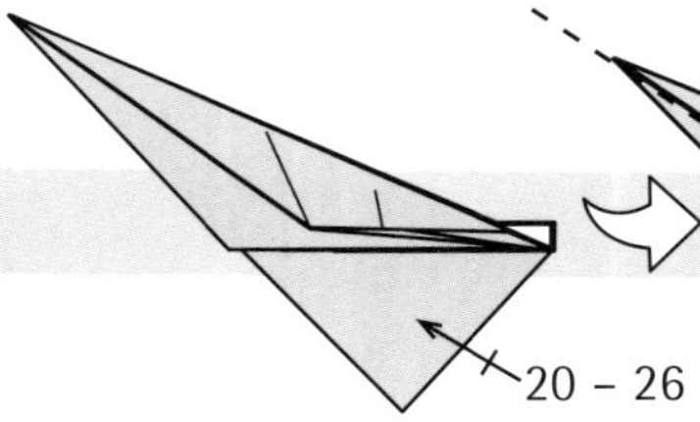

27 Die Schritte 20 bis 26 auf der Rückseite wiederholen.

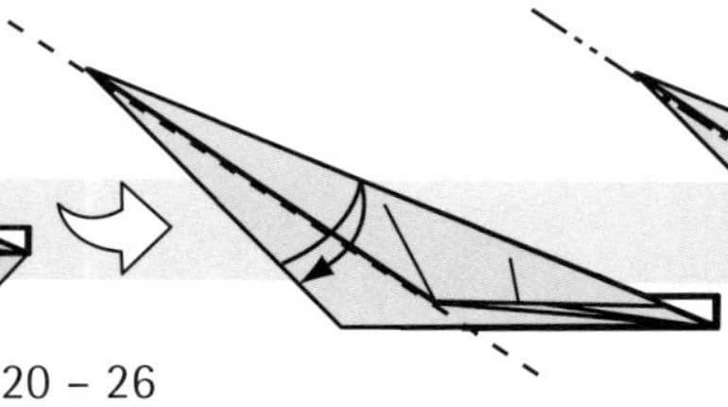

28 Entlang der Kante falten, fest nachziehen und wieder entfalten.

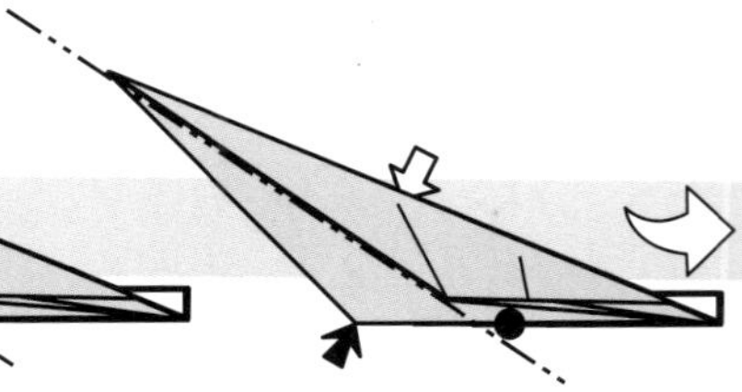

29 An der gezeigten Stelle fest zusammenhalten, hinten in der Mitte öffnen und die Spitze an der Vorfaltung so weit wie möglich nach innen drücken.

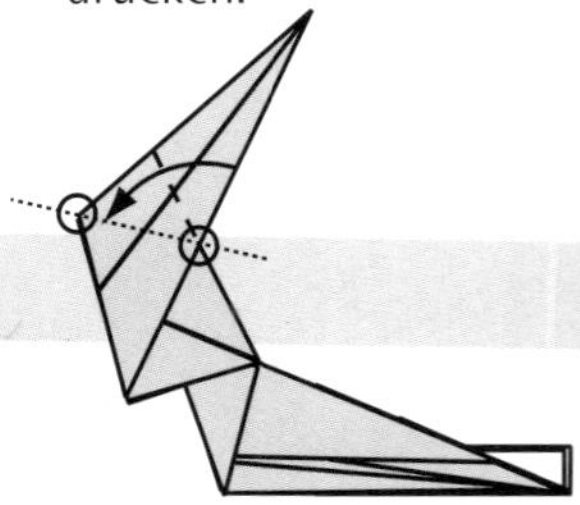

36 Die Kante zur gezeigten gedachten Linie falten.

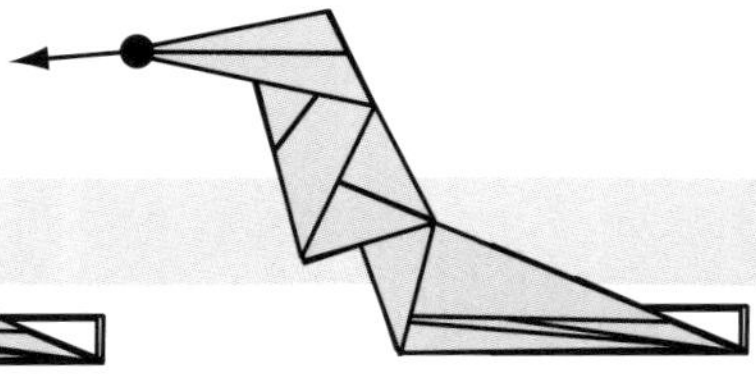

37 Entfalten.

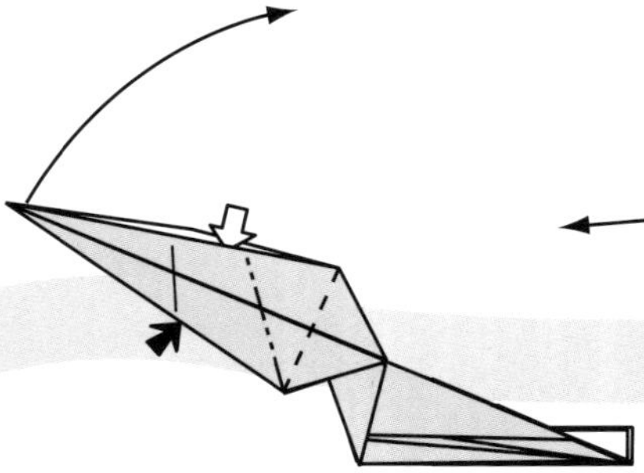

38 Die Spitze mit einer offenen Zickzack-Faltung an den Vorfaltungen nach oben bringen.

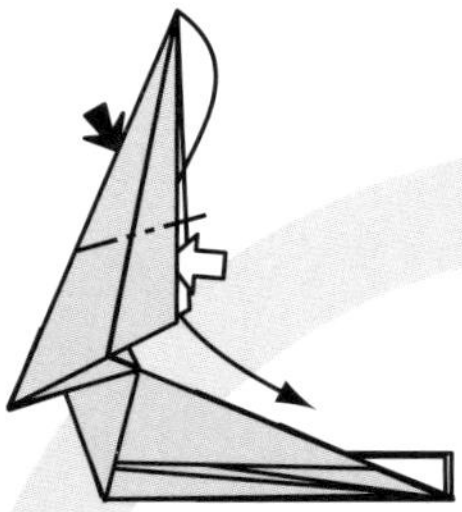

39 Einen inneren Gegenbruch an der Vorfaltung ausführen.

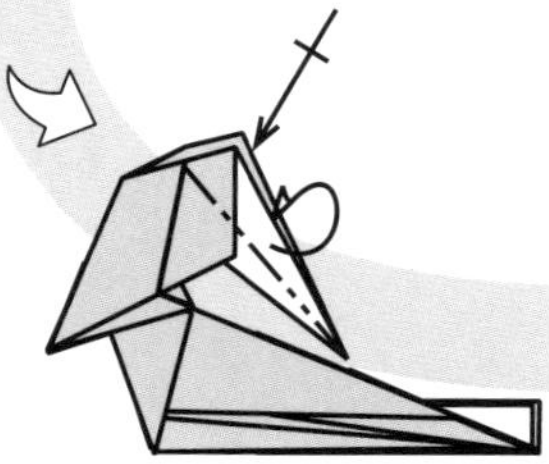

40 Die Kante an der Vorfaltung nach innen falten (Bergfalte). Auf der Rückseite wiederholen.

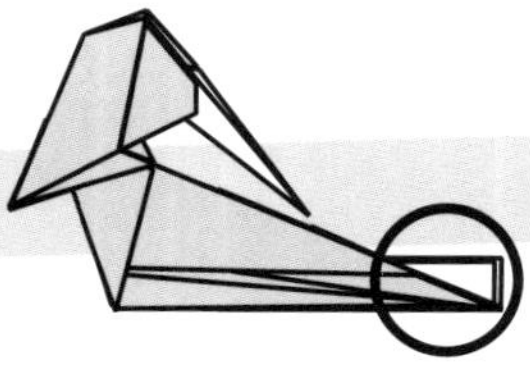

41 Die nächsten Schritte konzentrieren sich auf die Füße.

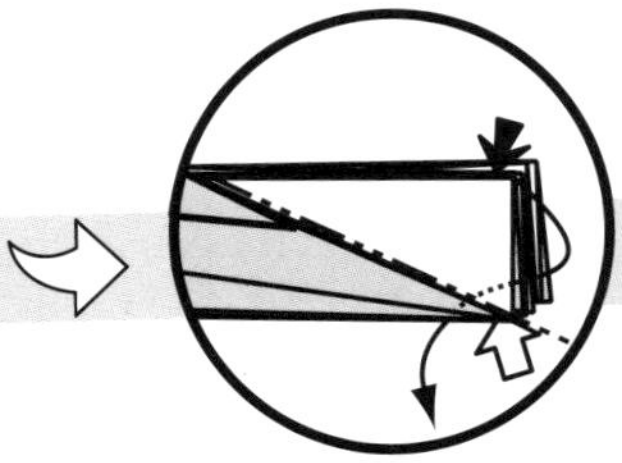

42 Einen inneren Gegenbruch entlang der Kante ausführen.

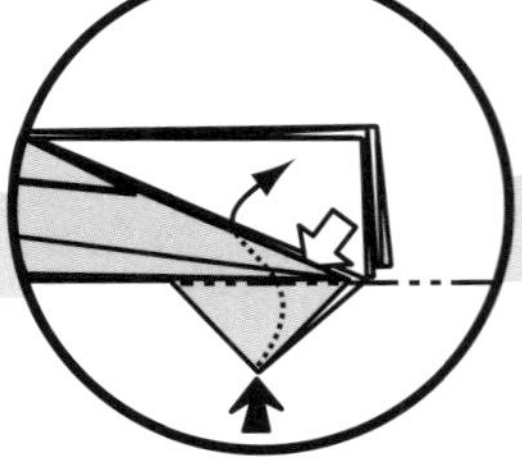

43 Einen inneren Gegenbruch entlang der unteren Kante ausführen.

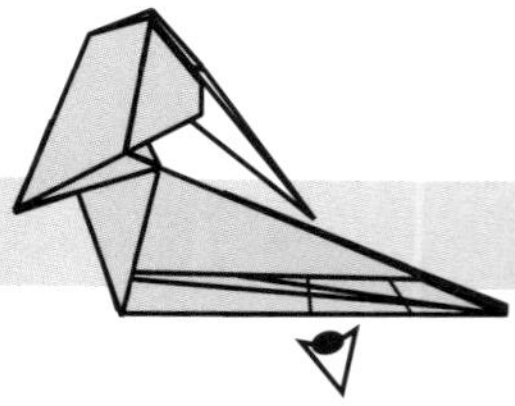

52 Das Modell von unten betrachten. (Der Kopf wird nicht gezeigt.)

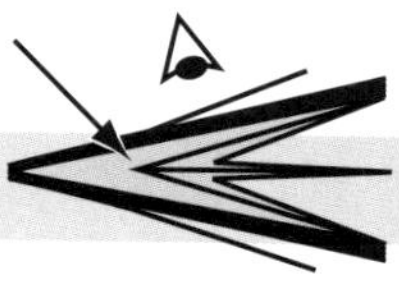

53 Die gezeigte Tasche für den nächsten Schritt merken. Zurück zur Normalansicht.

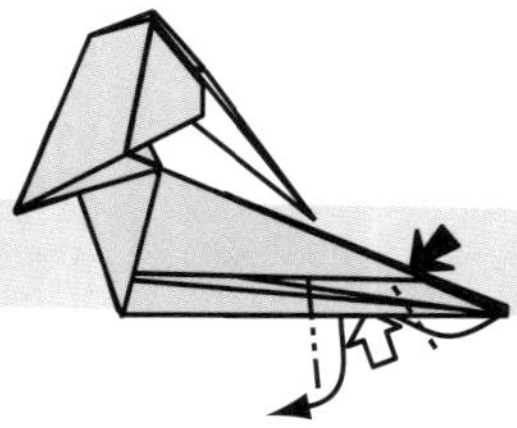

54 Die Tasche öffnen und an den Vorfaltungen gleichzeitig zwei innere Gegenbrüche ausführen.

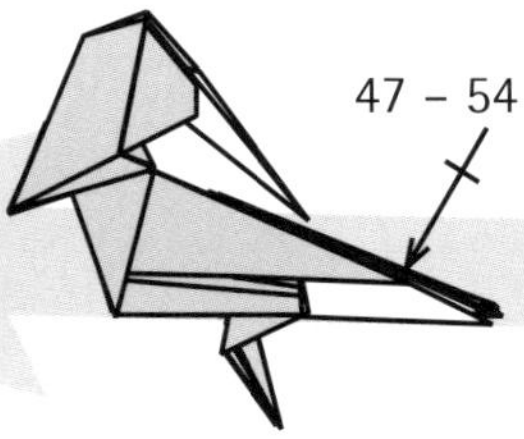

55 Schritte 47 bis 54 auf der Rückseite wiederholen.

Fortsetzung auf Seite 62

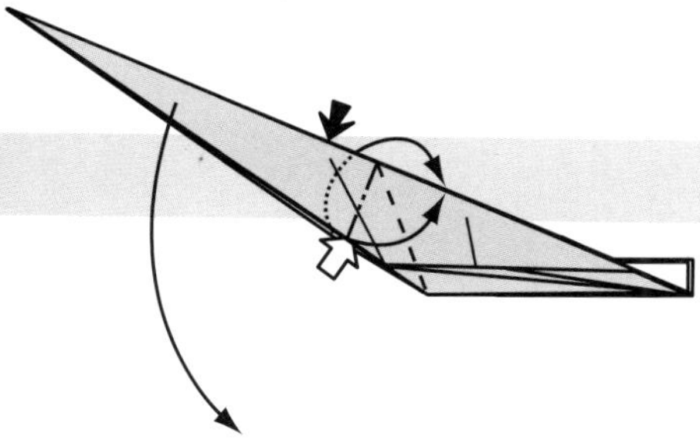

30 Die Tasche so weit wie möglich öffnen und die Spitze wie bei einer offenen Zickzack-Faltung (s. S. 34) nach unten bringen.

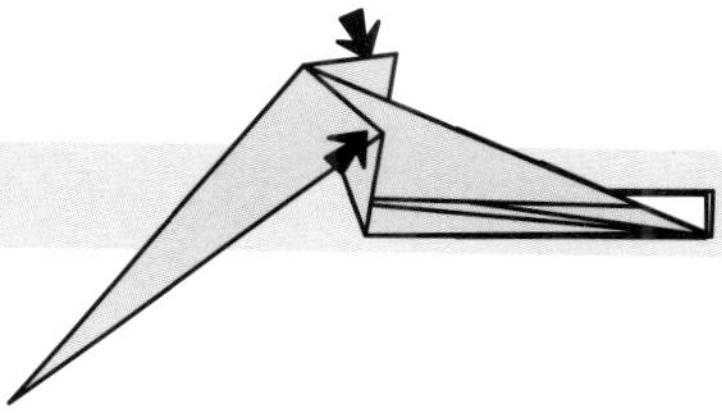

31 So glatt drücken, dass die Kante auf der hinteren Kante liegt.

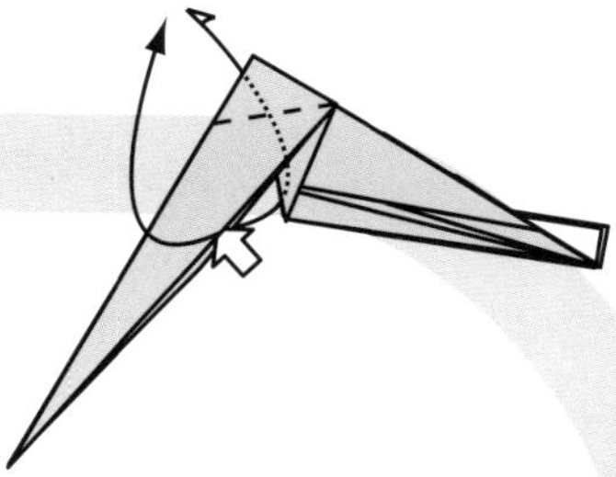

32 Die Spitze mit einem äußeren Gegenbruch (s. S. 34) so nach oben bringen, dass sie wieder entlang der Kante liegt.

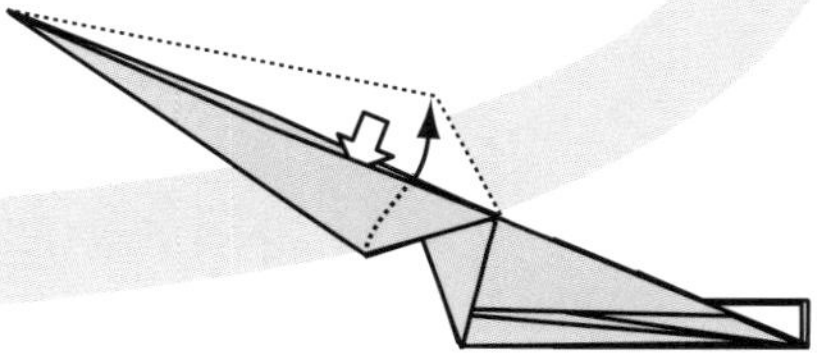

33 Alle Lagen aus dem Inneren herausholen.

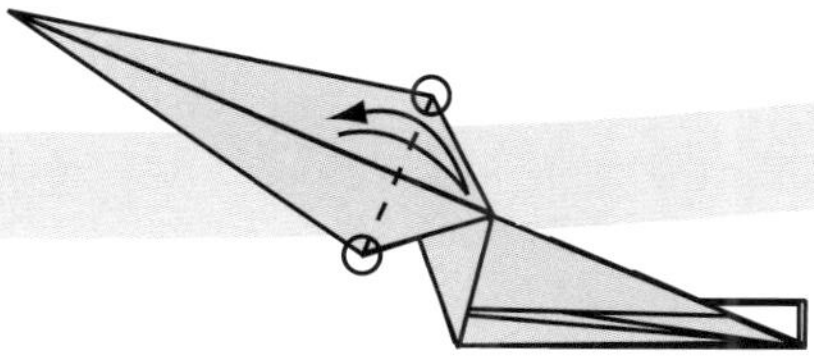

34 Wie gezeigt falten und entfalten.

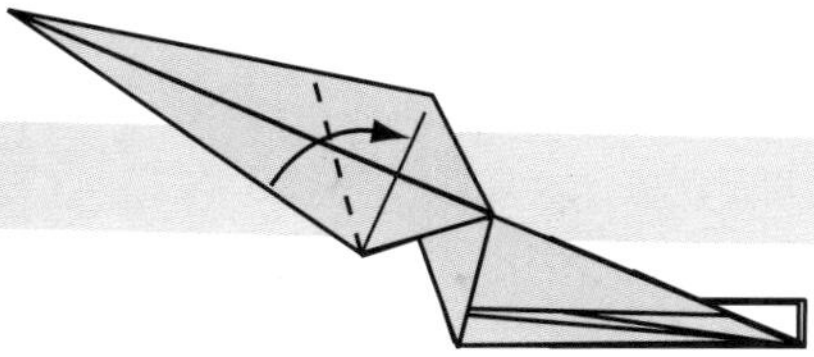

35 Die Kante zur Vorfaltung falten.

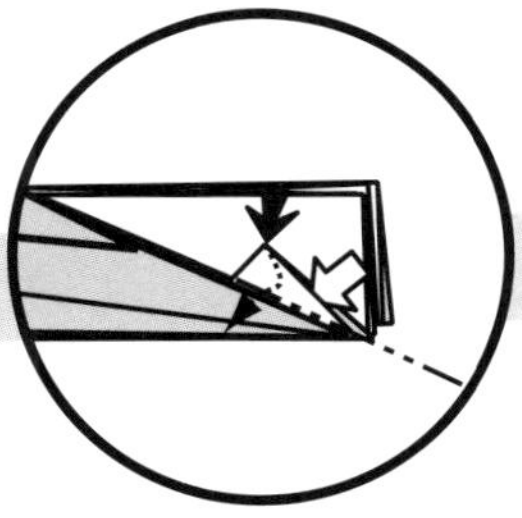

44 Einen inneren Gegenbruch entlang der Kante ausführen.

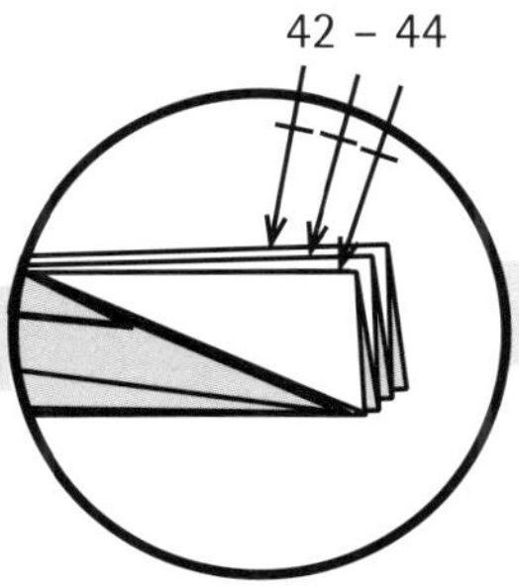

45 Schritte 42 bis 44 dreimal wiederholen.

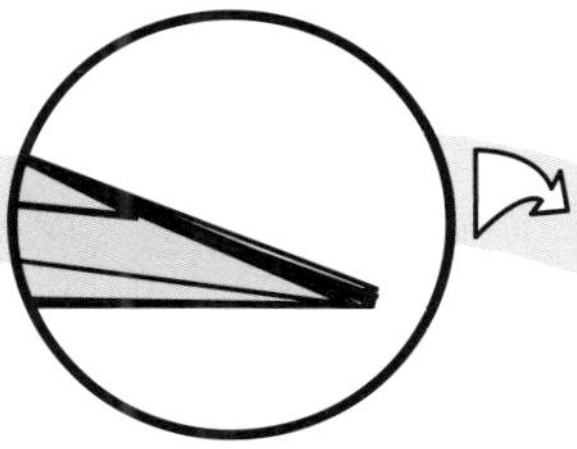

46 Zurück zur Vollansicht.

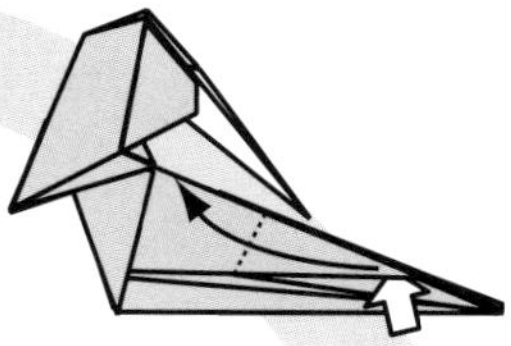

47 Den Flügel anheben, aber nicht falten.

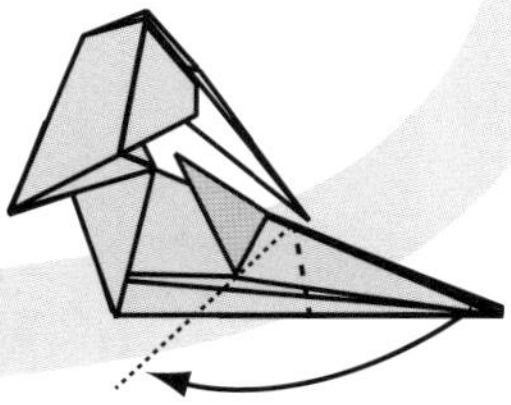

48 Das Bein so weit wie möglich nach vorn unter dem Flügel vorbei zur gezeigten gedachten Linie falten.

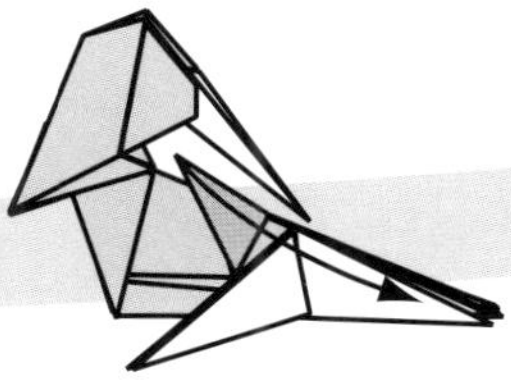

49 Die Faltung sehr fest nachziehen und den Flügel wieder hinlegen.

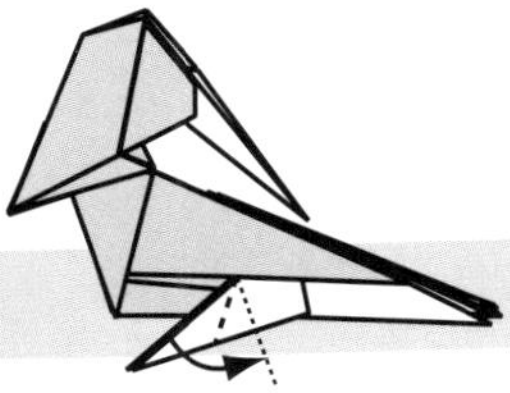

50 Das Bein wie gezeigt nach unten falten.

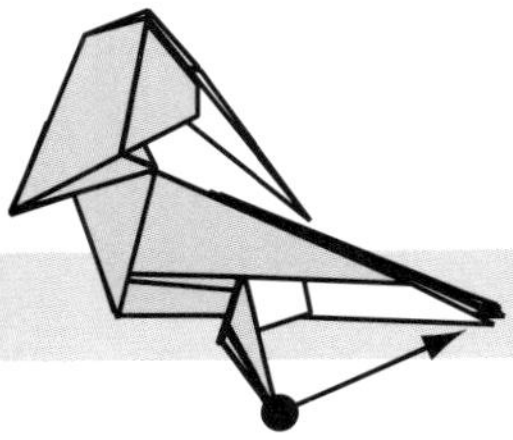

51 Die Faltung sehr fest nachziehen und die letzten Schritte entfalten.

IMPRESSUM

© 2008 Christophorus Verlag
in der Verlag Kreuz GmbH
Postfach 80 06 69, 70506 Stuttgart

Alle Rechte vorbehalten –
Printed in Germany

ISBN: 978-3-419-53472-4

Dieses Buch und alle darin gezeigten Modelle sind urheberrechtlich geschützt. Jede gewerbliche Nutzung der Arbeiten und Entwürfe, ein Nachdruck, auch auszugsweise, sowie die Verbreitung durch Fotokopien, Internet und elektronische Medien, durch Film, Funk und Fernsehen ist untersagt und wird zivil- und strafrechtlich verfolgt. Bei Anwendung im Unterricht und in Kursen ist auf dieses Buch hinzuweisen.

Lektorat, Gestaltung, Produktion:
Elke Fox, Freiburg

Styling und Fotos:
Christoph Schmotz, Freiburg

Zeichnungen:
Gerwin Sturm, Wien
www.scarygami.net
www.origamiaustria.at

Layoutentwurf:
Network!, München

Coverproduktion:
art und weise, Freiburg

Druck:
Himmer, Augsburg

E-Mail:
info@christophorus-verlag.de
www.christophorus-verlag.de

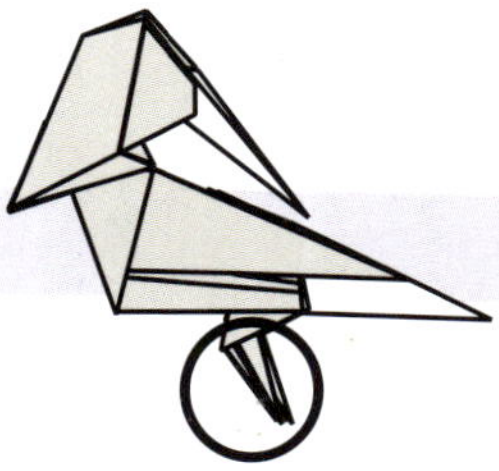

56 Die nächsten Schritte konzentrieren sich auf einen Fuß.

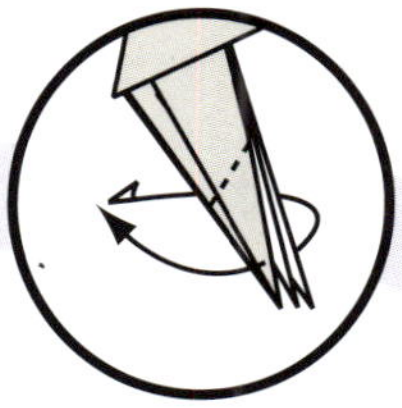

57 Den ersten und den dritten Zeh nach links falten. Der mittlere Zeh bleibt an seinem Ort.

58 Die Zehen nach Belieben formen.

59 Der fertige Fuß.

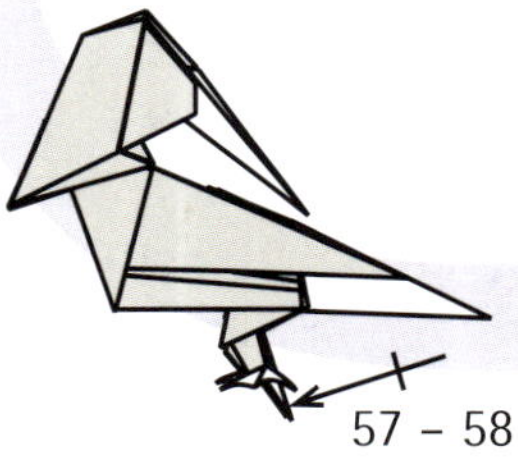

60 Die Schritte 57 bis 58 am zweiten Fuß wiederholen.

61 Schnabel, Flügel, Schwanz- und Kopffeder formen. Körper und Kopf von innen öffnen, damit sie plastisch werden.

62 Fertiger Papagei.